Dolços Delícies

Les Millors Receptes de Pastissos per a Gaudeixar

Marta Garcia

Taula de continguts

Pastís de préssec 12

Pastís de taronja i marsala 13

Pastís de préssec i pera 14

Pastís de pinya humit 15

Pastís de pinya i cireres 16

Pastís de pinya Natal 17

Pinya al revés 18

Pastís de pinya i nous 19

Pastís de gerds 20

Pastís de ruibarbre 21

Pastís de mel de ruibarbre 22

Pastís de remolatxa 23

Pastís de pastanaga i plàtan 24

Pastís de pastanaga i poma 25

Pastís de pastanaga i canyella 26

Pastís de pastanaga i carbassó 27

Pastís de pastanaga i gingebre 28

Pastís de pastanaga i fruits secs 29

Pastís de pastanaga, taronja i fruits secs 30

Pastís de pastanaga, pinya i coco 31

Pastís de pastanaga i pistatxo 32

Pastís de pastanaga i nous 33

Pastís de pastanaga especiat 34

Pastís de pastanaga i sucre moreno 36

Pastís de carbassó i medul·la 37

Pastís de carbassó i taronja 38

Pastís de carbassó especiat 39

Pastís de carbassa 41

Pastís de carbassa amb fruita 42

Rotllet de carbassa especiat 43

Pastís de ruibarbre i mel 45

Pastís de moniato 46

Pastís d'ametlla italià 48

Torta d'ametlla i cafè 49

Pastís d'ametlla i mel 50

Pastís d'ametlla i llimona 51

Pastís d'ametlla amb taronja 52

Pastís ric d'ametlla 53

Pastís de macarrons suec 54

Pa de coco 55

Pastís de coco 56

Pastís de coco daurat 57

Pastís de capa de coco 58

Pastís de coco i llimona 59

Pastís d'any nou de coco 60

Pastís de coco i Sultana 61

Pastís de fruits secs cruixent 62

Pastís de fruits secs barrejats 63

Pastís de fruits secs grecs 64

Pastís gelat de nous 65

Pastís de nous amb crema de xocolata 66

Pastís de nous amb mel i canyella 67

Barres d'ametlla i mel 68

Crumble Bars de poma i grosella negra 70

Barres d'albercoc i civada 71

Cruixents d'albercoc 72

Barres de plàtan amb fruits secs 73

Brownies americans 74

Brownies de caramel de xocolata 75

Brownies de nous i xocolata 76

Barres de mantega 77

Safata de toffee de cirera 78

Safata amb xips de xocolata 79

Capa de crumble de canyella 80

Barres de canyella enganxosa 81

Barretes de coco 82

Barres de sandvitxos de coco i melmelada 83

Data i safata de poma 84

Talls de data 85

Barres de cites de l'àvia 86

Barres de civada i civada 87

Barres de dàtils i nous 88

Barres de figues 89

Flapjacks 90

Flapjacks de cirera 91

Flapjacks de xocolata 92

Flapjacks de fruites 93

Flapjacks de fruita i fruits secs 94

Flapjacks de gingebre 95

Flapjacks de nou 96

Pans curts de llimona afilats 97

Quadrats de Moka i Coco 98

Hola Dolly Cookies 100

Barres de coco i fruits secs de xocolata 101

Quadrats de nou 102

Llesques de pacana de taronja 103

Parkin 104

Barres de mantega de cacauet 105

Llesques de pícnic 106

Barres de pinya i coco 107

Pastís de llevat de prunes 108

Barres de carbassa americans 110

Barres de codony i ametlla 111

Barres de panses 113

Quadrats de civada de gerds 114

Merengues de canyella de pa de pasta 115

Glaçat Glacé 116

Glaçat de cafè glacé 116

Glaçat de llimona 117

Glaçat de taronja 117

Glaçat de rom Glacé 118

Glaçat de vainilla 118

Glaçat de xocolata bullida 119

Topping de xocolata i coco 119

Topping de caramel 121

Cobertura de formatge crema dolça 121
Glaçat de vellut americà 122
Glaçat de mantega 122
Glaçat de caramel 123
Glaçat de llimona 123
Glaçat de crema de mantega de cafè 124
Lady Baltimore Frosting 125
Glaçat Blanc 126
Glaçat blanc cremós 126
Glaçat blanc esponjós 127
Glaçat de sucre moreno 128
Glaçat de crema de mantega de vainilla 129
Crema de vainilla 130
Farcit de natilla 131
Farcit de natilla danesa 132
Farcit de flam danès ric 133
Crème Patissière 134
Farcit de crema de gingebre 135
Farcit de llimona 136
Glaçat de xocolata 137
Glaçat de pastís de fruites 138
Glaçat de pastís de fruites de taronja 138
Quadrats de merenga d'ametlla 139
Angel Drops 140
Llesques d'ametlla 141
Tartaletes Bakewell 142
Pastissos de papallona de xocolata 143

Pastissos de coco 144

Magdalenes dolces... 145

Pastissos de punts de cafè 146

Pastissos Eccles 147

Pastissos de fades 148

Pastissos de fades gelats amb plomes 149

Fantasies genoveses... 150

Macarrons d'ametlla 151

Macarrons de coco.. 152

Macarrons de llima 153

Macarrons de civada 154

Madeleines... 155

Pastissos de massapà 156

Magdalenes.. 157

Muffins de poma... 158

Muffins de plàtan.. 159

Muffins de grosella negra 160

Muffins americans de nabius 161

Muffins de cireres 162

Muffins de xocolata 163

Muffins amb xips de xocolata 164

Muffins de canyella 165

Muffins de blat de moro 166

Muffins de figues integrals.. 167

Muffins de fruita i segó 168

Muffins de civada... 169

Muffins de fruita de civada 170

Muffins de taronja 171

Muffins de préssec 172

Muffins de mantega de cacauet 173

Muffins de pinya 174

Muffins de gerds 175

Muffins de gerds i llimona 176

Muffins Sultana 177

Muffins de melassa 178

Magdalenes de melassa i civada 179

Torrades de civada 180

Truites d'esponja de maduixa 181

Pastissos de menta 182

Pastissos de panses 183

Rínxols de panses 184

Bollos de gerds 185

Pastissos d'arròs integral i gira-sol 186

Pastissos de roca 187

Pastissos de roca sense sucre 188

Pastissos de safrà 189

Rom Babàs 190

Pastissos de bola de esponja 192

Bescuits de xocolata 193

Boles de neu d'estiu 195

Gotes d'esponja 196

Merengues Bàsiques 197

Merengues d'ametlla 198

Galetes espanyoles de merenga d'ametlla 199

Cistelles Cuite de merengue 200

Crisps d'ametlla 201

Merengues espanyoles d'ametlla i llimona 202

Merengues cobertes de xocolata 203

Merengues de xocolata i menta 204

Merengues de xocolata i fruits secs 204

Merengues d'avellana 205

Pastís de capes de merenga amb fruits secs 206

Llesques de macarrons d'avellana 208

Capa de merenga i nou 209

Muntanyes del merengue 211

Crema de gerds merengues 212

Pastissos de ratafia 213

Caramel Vacherin 214

Scones simples 215

Scones d'ou rics 216

Scones de poma 217

Scones de poma i coco 218

Scones de poma i dàtils 219

Scones d'ordi 220

Scones de dates 221

Herby Scones 222

Pastís de préssec

Fa un pastís de 23 cm

100 g/4 oz/½ tassa de mantega o margarina, suavitzada

225 g/8 oz/1 tassa de sucre llustre (superfi).

3 ous, separats

450 g/1 lb/4 tasses de farina normal (tot ús).

Un pessic de sal

5 ml/1 culleradeta de bicarbonat de sodi (bicarbonat de sodi)

120 ml/4 fl oz/½ tassa de llet

225 g/8 oz/2/3 tassa de melmelada de préssec (conservar)

Batem la mantega o la margarina i el sucre. A poc a poc, anem incorporant els rovells d'ou i, després, la farina i la sal. Barregeu el bicarbonat de sodi amb la llet, després barregeu-lo amb la barreja del pastís, seguit de la melmelada. Bateu les clares fins que estiguin rígides i, a continuació, incorporeu-les a la barreja. Col·loqueu-los en dos motlles de pastissos (paelles) untats i folrats de 23 cm i coure al forn preescalfat a 180 °C/350 °F/gas marca 4 durant 25 minuts fins que estigui ben aixecat i elàstic al tacte.

Pastís de taronja i marsala

Fa un pastís de 23 cm

175 g/6 oz/1 tassa de sultanes (panses daurades)

120 ml/4 fl oz/½ tassa de Marsala

175 g/6 oz/¾ tassa de mantega o margarina, suavitzada

100 g/4 oz/½ tassa de sucre moreno suau

225 g/8 oz/1 tassa de sucre llustre (superfí).

3 ous, lleugerament batuts

Pela ben ratllada d'1 taronja

5 ml/1 culleradeta d'aigua de flor de taronger

275 g/10 oz/2½ tasses de farina normal (tot ús).

10 ml/2 culleradetes de bicarbonat de sodi (bicarbonat de sodi)

Un pessic de sal

375 ml/13 fl oz/1½ tasses de llet de mantega

Glaçat de licor de taronja

Remullar les sultanes al Marsala durant la nit.

Bateu la mantega o la margarina i els sucres fins que quedi lleuger i esponjós. Batre els ous a poc a poc, després barrejar-hi la pell de taronja i l'aigua de flor de taronja. Incorporeu la farina, el bicarbonat de sodi i la sal alternativament amb la mantega. Incorporeu-hi les sultanes en remull i el Marsala. Col·loqueu-los en dos motlles (paelles) untats i folrats de 23 cm i enforneu-los al forn preescalfat a 180 °C/350 °F/gas marca 4 durant 35 minuts fins que quedi elàstic al tacte i comenci a encongir-se dels costats. de les llaunes. Deixeu refredar a les llaunes durant 10 minuts abans de posar-la a una reixeta per acabar de refredar.

Entreveu els pastissos juntament amb la meitat de la cobertura de licor de taronja i, a continuació, repartiu la cobertura restant per sobre.

Pastís de préssec i pera

Fa un pastís de 23 cm

175 g/6 oz/¾ tassa de mantega o margarina, suavitzada

150 g/5 oz/2/3 tassa de sucre llustre (superfi).

2 ous, lleugerament batuts

75 g/3 oz/¾ tassa de farina integral (integral).

75 g/3 oz/¾ tassa de farina normal (tot ús).

10 ml/2 culleradetes de llevat en pols

15 ml/1 cullerada de llet

2 préssecs, sense pinyols, pelats i picats

2 peres, pelades, pelades i tallades

30 ml/2 cullerades de sucre llustre, tamisat

Batem la mantega o la margarina i el sucre fins que quedi lleuger i esponjós. Batre els ous a poc a poc, després incorporar les farines i el llevat en pols, afegint-hi la llet per donar a la barreja una consistència gota. Incorporeu els préssecs i les peres. Col·loqueu la barreja en un motlle de pastís de 23 cm/9 untat i folrat i coure al forn preescalfat a 190°C/375°F/gas marca 5 durant 1 hora fins que estigui ben aixecat i elàstic al tacte. Deixeu refredar a la llauna durant 10 minuts abans de posar-lo a una reixeta per acabar de refredar. Empolsem amb sucre llustre abans de servir.

Pastís de pinya humit

Fa un pastís de 20 cm

100 g/4 oz/½ tassa de mantega o margarina

350 g/12 oz/2 tasses de fruita barrejada seca (mescla de pastís de fruites)

225 g/8 oz/1 tassa de sucre moreno suau

5 ml/1 culleradeta d'espècies barrejades (pastís de poma) mòlts

5 ml/1 culleradeta de bicarbonat de sodi (bicarbonat de sodi)

425 g/15 oz/1 llauna gran de pinya triturada sense sucre, escorreguda

225 g/8 oz/2 tasses de farina autolevant

2 ous, batuts

Poseu tots els ingredients menys la farina i els ous en una cassola i escalfeu-ho suaument fins al punt d'ebullició, remenant bé. Bullir constantment durant 3 minuts, després deixar que la barreja es refredi completament. Incorporeu la farina i, a continuació, remeneu els ous a poc a poc. Gireu la barreja en un motlle de pastissos untat i folrat de 20 cm i coure al forn preescalfat a 180 °C/350 °F/gas marca 4 durant 1½-1¾ hores fins que estigui ben elevat i ferm al tacte. Deixeu refredar a la llauna.

Pastís de pinya i cireres

Fa un pastís de 20 cm

100 g/4 oz/½ tassa de mantega o margarina, suavitzada

100 g/4 oz/1 tassa de sucre llustre (superfí).

2 ous, batuts

225 g/8 oz/2 tasses de farina autolevant

2,5 ml/½ culleradeta de llevat en pols

2,5 ml/½ culleradeta de canyella mòlta

175 g/6 oz/1 tassa de sultanes (panses daurades)

25 g/1 oz/2 cullerades de cireres glaçades (confitades).

400 g/14 oz/1 llauna gran de pinya, escorreguda i picada

30 ml/2 cullerades de brandi o rom

Sucre llustre (de pastisseria), tamisat, per empolsar

Batem la mantega o la margarina i el sucre fins que quedi lleuger i esponjós. Batre els ous a poc a poc, després incorporar la farina, el llevat i la canyella. Incorporeu suaument els ingredients restants. Col·loqueu la barreja en un motlle de pastís de 20 cm/8 untat i folrat i coure al forn preescalfat a 160°C/325°F/marca de gas 3 durant 1 hora i mitja fins que una broqueta introduïda al centre surti net. Deixar refredar, després servir empolsat amb sucre llustre.

Pastís de pinya Natal

Fa un pastís de 23 cm

50 g/2 oz/¼ tassa de mantega o margarina

100 g/4 oz/½ tassa de sucre llustre (superfí).

1 ou, lleugerament batut

150 g/5 oz/1¼ tasses de farina autolevant

Un pessic de sal

120 ml/4 fl oz/½ tassa de llet

Per a la cobertura:

100 g/4 oz de pinya fresca o en conserva, ratllada gruixuda

1 poma per menjar (de postres), pelada, sense cor i ratllada gruixuda

120 ml/4 fl oz/½ tassa de suc de taronja

15 ml/1 cullerada de suc de llimona

100 g/4 oz/½ tassa de sucre llustre (superfí).

5 ml/1 culleradeta de canyella mòlta

Desfeu la mantega o la margarina, després bateu-hi el sucre i l'ou fins que quedi espumosa. Incorporeu-hi la farina i la sal alternativament amb la llet per fer una massa. Col·loqueu en un motlle de pastís de 23 cm/9 untat i folrat i coure al forn preescalfat a 180 °C/350 °F/gas marca 4 durant 25 minuts fins que estigui daurat i elàstic.

Porteu a ebullició tots els ingredients de la cobertura i deixeu-ho coure a foc lent durant 10 minuts. Col·loqueu sobre el pastís calent i feu-ho a la brasa fins que la pinya comenci a daurar-se. Refredar abans de servir calent o fred.

Pinya al revés

Fa un pastís de 20 cm

175 g/6 oz/¾ tassa de mantega o margarina, suavitzada

175 g/6 oz/¾ tassa de sucre moreno suau

400 g/14 oz/1 llauna gran de rodanxes de pinya, escorregudes i el suc reservat

4 cireres glaçades (confitades), tallades a la meitat

2 ous

100 g/4 oz/1 tassa de farina autolevant

Crema 75 g/3 oz/1/3 tassa de mantega o margarina amb 75 g/3 oz/1/3 tassa de sucre fins que quedi lleugera i esponjosa i escampa sobre la base d'un motlle de 20 cm/8 untat (paella). Col·loqueu les rodanxes de pinya per sobre i puntegeu-les amb les cireres, amb el costat arrodonit cap avall. Batem la mantega o la margarina i el sucre restants i, a continuació, batem els ous a poc a poc. Incorporeu-hi la farina i 30 ml/2 cullerades del suc de pinya reservat. Col·loqueu la pinya i enforneu-ho al forn preescalfat a 180 °C/350 °F/gas marca 4 durant 45 minuts fins que estigui ferm al tacte. Deixar refredar a la llauna durant 5 minuts, després treure amb cura de la llauna i girar-la sobre una reixeta perquè es refredi.

Pastís de pinya i nous

Fa un pastís de 23 cm

225 g/8 oz/1 tassa de mantega o margarina, suavitzada

225 g/8 oz/1 tassa de sucre llustre (superfi).

5 ous

350 g/12 oz/3 tasses de farina normal (tot ús).

100 g/4 oz/1 tassa de nous, picades gruixudes

100 g/4 oz/2/3 tassa de pinya glaçada (confitada), picada

Una mica de llet

Batem la mantega o la margarina i el sucre fins que quedi lleuger i esponjós. Batre els ous a poc a poc i, a continuació, incorporar la farina, els fruits secs i la pinya, afegint-hi prou llet per donar-li una consistència caiguda. Col·loqueu-lo en un motlle de pastís de 23 cm/9 untat i folrat i coure al forn preescalfat a 150 °C/300 °F/ marca de gas 2 durant 1 hora i mitja fins que una broqueta introduïda al centre surti net.

Pastís de gerds

Fa un pastís de 20 cm

100 g/4 oz/½ tassa de mantega o margarina, suavitzada

200 g/7 oz/escàs 1 tassa de sucre en pols (superfí).

2 ous, lleugerament batuts

250 ml / 8 fl oz / 1 tassa de crema agria (lactia).

5 ml/1 culleradeta d'essència de vainilla (extracte)

250 g/9 oz/2¼ tasses de farina normal (tot ús).

5 ml/1 culleradeta de llevat en pols

5 ml/1 culleradeta de bicarbonat de sodi (bicarbonat de sodi)

5 ml/1 culleradeta de cacau (xocolata sense sucre) en pols

2,5 ml/½ culleradeta de sal

100 g/4 oz de gerds congelats frescos o descongelats

Per a la cobertura:
30 ml/2 cullerades de sucre llustre (superfí).

5 ml/1 culleradeta de canyella mòlta

Batem la mantega o la margarina i el sucre. Batre els ous a poc a poc, després la nata i l'essència de vainilla. Incorporeu la farina, el llevat en pols, el bicarbonat de sodi, el cacau i la sal. Incorporeu els gerds. Col·loqueu-lo en un motlle de pastís de 20 cm/8 untat. Barregeu el sucre i la canyella i espolseu per sobre del pastís. Coure al forn preescalfat a 200 °C/400 °F/gas marca 4 durant 35 minuts fins que estigui daurat i una broqueta al centre surti net. Espolvorear amb el sucre barrejat amb la canyella.

Pastís de ruibarbre

Fa un pastís de 20 cm

225 g/8 oz/2 tasses de farina integral (integral).

10 ml/2 culleradetes de llevat en pols

10 ml/2 culleradetes de canyella mòlta

45 ml/3 cullerades de mel clara

175 g/6 oz/1 tassa de sultanes (panses daurades)

2 ous

150 ml/¼ pt/2/3 tassa de llet

225 g/8 oz de ruibarbre, picat

30 ml/2 cullerades de sucre demerara

Barregeu tots els ingredients excepte el ruibarbre i el sucre. Incorporeu-hi el ruibarbre i poseu-hi una cullera en un motlle (paella) untat i enfarinat de 20 cm/8. Espolvorear amb el sucre. Coure al forn preescalfat a 180 °C/350 °F/gas marca 4 durant 45 minuts fins que estigui ferm. Deixeu refredar a la llauna durant 10 minuts abans de sortir.

Pastís de mel de ruibarbre

Fa dos pastissos de 450 g/1 lb

250 g/9 oz/2/3 tassa de mel clara

120 ml/4 fl oz/½ tassa d'oli

1 ou, lleugerament batut

15 ml/1 cullerada de bicarbonat de sodi (bicarbonat de sodi)

150 ml/¼ pt/2/3 tassa de iogurt natural

75 ml/5 cullerades d'aigua

350 g/12 oz/3 tasses de farina normal (tot ús).

10 ml/2 culleradeta de sal

350 g/12 oz de ruibarbre, picat finament

5 ml/1 culleradeta d'essència de vainilla (extracte)

50 g/2 oz/½ tassa de fruits secs barrejats picats

                    Per a la cobertura:
75 g/3 oz/1/3 tassa de sucre morena suau

5 ml/1 culleradeta de canyella mòlta

15 ml/1 cullerada de mantega o margarina, fosa

Barregeu la mel i l'oli, després bateu-hi l'ou. Barregeu el bicarbonat de sodi amb el iogurt i l'aigua fins que es dissolgui. Barrejar la farina i la sal i afegir a la barreja de mel alternativament amb el iogurt. Incorporeu-hi el ruibarbre, l'essència de vainilla i els fruits secs. Aboqueu-los en dos motlles (paelles) de 450 g/1 lb untats i folrats. Barregeu els ingredients de la cobertura i espolseu els pastissos. Coure al forn preescalfat a 160 ° C / 325 ° F / marca de gas 3 durant 1 hora fins que estigui ferm al tacte i daurat per sobre. Deixeu-ho refredar a les llaunes durant 10 minuts, després poseu-ho a una reixeta per acabar de refredar.

Pastís de remolatxa

Fa un pastís de 20 cm

250 g/9 oz/1¼ tasses de farina normal (tot ús).

15 ml/1 cullerada de llevat en pols

5 ml/1 culleradeta de canyella mòlta

Un pessic de sal

150 ml/8 fl oz/1 tassa d'oli

300 g/11 oz/11/3 tasses de sucre llustre (superfi).

3 ous, separats

150 g/5 oz de remolatxa crua, pelada i ratllada gruixuda

150 g/5 oz de pastanagues, ratllades gruixudes

100 g/4 oz/1 tassa de fruits secs barrejats picats

Barrejar la farina, el llevat en pols, la canyella i la sal. Batre l'oli i el sucre. Bateu els ous, els rovells, la remolatxa, les pastanagues i els fruits secs. Bateu les clares fins que estiguin rígides i, a continuació, incorporeu-les a la barreja amb una cullera de metall. Col·loqueu la barreja en un motlle de pastís de 20 cm/8 untat i folrat i coure al forn preescalfat a 180 °C/350 °F/gas marca 4 durant 1 hora fins que estigui moll al tacte.

Pastís de pastanaga i plàtan

Fa un pastís de 20 cm

175 g/6 oz de pastanagues, ratllades

2 plàtans, triturats

75 g/3 oz/½ tassa de sultanes (panses daurades)

50 g/2 oz/½ tassa de fruits secs barrejats picats

175 g/6 oz/1½ tasses de farina autolevant

5 ml/1 culleradeta de llevat en pols

5 ml/1 culleradeta d'espècies barrejades (pastís de poma) mòlts

Suc i pela ratllada d'1 taronja

2 ous, batuts

75 g/3 oz/1/2 tassa de sucre muscovado lleuger

100 ml/31/2 fl oz/escassa 1/2 tassa d'oli de gira-sol

Barrejar tots els ingredients fins que estiguin ben barrejats. Col·loqueu-ho en un motlle (paella) de 20 cm untat i folrat i enforneu-ho al forn preescalfat a 180 °C durant 1 hora fins que una broqueta introduïda al centre surti net.

Pastís de pastanaga i poma

Fa un pastís de 23 cm

250 g/9 oz/2¼ tasses de farina autolevant

5 ml/1 culleradeta de bicarbonat de sodi (bicarbonat de sodi)

5 ml/1 culleradeta de canyella mòlta

175 g/6 oz/¾ tassa de sucre moreno suau

Pela ben ratllada d'1 taronja

3 ous

200 ml/7 fl oz/escàs 1 tassa d'oli

150 g/5 oz de pomes per menjar (de postres), pelades, pelades i ratllades

150 g/5 oz de pastanagues, ratllades

100 g/4 oz/2/3 tassa d'albercocs secs llestos per menjar, picats

100 g/4 oz/1 tassa de nous o nous, picats

Barregeu la farina, el bicarbonat de sodi i la canyella, i afegiu-hi el sucre i la pell de taronja. Bateu els ous amb l'oli i, a continuació, afegiu-hi la poma, les pastanagues i dos terços dels albercocs i els fruits secs. Incorporeu la barreja de farina i poseu-hi una cullera en un motlle (paella) untat i folrat de 23 cm/9. Espolvorear amb la resta d'albercocs i fruits secs picats. Coure al forn preescalfat a 180 °C/350 °F/gas marca 4 durant 30 minuts fins que estigui elàstic al tacte. Deixeu refredar una mica a la llauna i, a continuació, poseu-ho a una reixeta per acabar de refredar.

Pastís de pastanaga i canyella

Fa un pastís de 20 cm

100 g/4 oz/1 tassa de farina integral (integral).

100 g/4 oz/1 tassa de farina normal (tot ús).

15 ml/1 cullerada de canyella mòlta

5 ml/1 culleradeta de nou moscada ratllada

10 ml/2 culleradetes de llevat en pols

100 g/4 oz/½ tassa de mantega o margarina

100 g/4 oz/1/3 tassa de mel clara

100 g/4 oz/½ tassa de sucre moreno suau

225 g/8 oz de pastanagues, ratllades

Barregeu les farines, la canyella, la nou moscada i el llevat en un bol. Desfeu la mantega o la margarina amb la mel i el sucre, després barregeu-ho amb la farina. Incorporeu les pastanagues i barregeu-ho bé. Col·loqueu en un motlle de pastís de 20 cm/8 untat i folrat i enforneu-ho al forn preescalfat a 160°C/325°F/gas marca 3 durant 1 hora fins que una broqueta introduïda al centre surti net. Deixeu-ho refredar a la llauna durant 10 minuts, després poseu-ho a una reixeta per acabar de refredar.

Pastís de pastanaga i carbassó

Fa un pastís de 23 cm

2 ous

175 g/6 oz/¾ tassa de sucre moreno suau

100 g/4 oz de pastanagues, ratllades

50 g/2 oz de carbassons (carbassó), ratllats

75 ml/5 cullerades d'oli

225 g/8 oz/2 tasses de farina autolevant

2,5 ml/½ culleradeta de llevat en pols

5 ml/1 culleradeta d'espècies barrejades (pastís de poma) mòlts

Glaçat de formatge crema

Barrejar els ous, el sucre, les pastanagues, els carbassons i l'oli. Incorporeu-hi la farina, el llevat en pols i les espècies barrejades i barregeu-ho fins a obtenir una massa suau. Col·loqueu en un motlle de pastís de 23 cm/9 untat i folrat i enforneu al forn preescalfat a 180°C/350°F/marca de gas 4 durant 30 minuts fins que una broqueta introduïda al centre surti net. Deixar refredar i després untar-lo amb una cobertura de formatge crema.

Pastís de pastanaga i gingebre

Fa un pastís de 20 cm

175 g/6 oz/2/3 tassa de mantega o margarina

100 g/4 oz/1/3 tassa de xarop daurat (blat de moro clar).

120 ml/4 fl oz/½ tassa d'aigua

100 g/4 oz/½ tassa de sucre moreno suau

150 g/5 oz de pastanagues, ratllades gruixudes

5 ml/1 culleradeta de bicarbonat de sodi (bicarbonat de sodi)

200 g/7 oz/1¾ tasses de farina normal (tot ús).

100 g/4 oz/1 tassa de farina autolevant

5 ml/1 culleradeta de gingebre mòlt

Un pessic de sal

Per a la cobertura (glaçada):
175 g/6 oz/1 tassa de sucre llustre, tamisat

5 ml/1 culleradeta de mantega o margarina, suavitzada

30 ml/2 cullerades de suc de llimona

Desfeu la mantega o la margarina amb l'almívar, l'aigua i el sucre, i després porteu-ho a ebullició. Retirar del foc i remenar les pastanagues i el bicarbonat de sodi. Deixar refredar. Barregeu les farines, el gingebre i la sal, poseu-hi una cullera en un motlle (paella) de 20 cm untat d'oli i poseu-ho al forn preescalfat a 180 °C/350 °F/gas marca 4 durant 45 minuts fins que estigui ben elevat i estigui ben molla. el tacte. Retirar i deixar refredar.

Barregeu el sucre llustre amb la mantega o la margarina i prou suc de llimona per fer una cobertura untable. Talleu el pastís per la meitat horitzontalment i, a continuació, feu servir la meitat de la cobertura per entrepans el pastís i encaixar o repartir la resta per sobre.

Pastís de pastanaga i fruits secs

Fa un pastís de 18 cm

2 ous grans, separats

150 g/5 oz/2/3 tassa de sucre llustre (superfí).

225 g/8 oz de pastanagues, ratllades

150 g/5 oz/1¼ tasses de fruits secs barrejats picats

10 ml/2 culleradetes de pell de llimona ratllada

50 g/2 oz/½ tassa de farina normal (tot ús).

2,5 ml/½ culleradeta de llevat en pols

Batre els rovells d'ou i el sucre fins que quedi espess i cremós. Incorporeu-hi les pastanagues, els fruits secs i la pell de llimona i, a continuació, afegiu-hi la farina i el llevat en pols. Batre les clares fins que quedin pics suaus i després incorporar-les a la barreja. En un motlle quadrat de 19 cm/7 untat. Coure al forn preescalfat a 180 °C/350 °F/gas marca 4 durant 40-45 minuts fins que una broqueta introduïda al centre surti net.

Pastís de pastanaga, taronja i fruits secs

Fa un pastís de 20 cm

100 g/4 oz/½ tassa de mantega o margarina, suavitzada

100 g/4 oz/½ tassa de sucre moreno suau

5 ml/1 culleradeta de canyella mòlta

5 ml/1 culleradeta de pell de taronja ratllada

2 ous, lleugerament batuts

15 ml/1 cullerada de suc de taronja

100 g/4 oz de pastanagues, ratllades finament

50 g/2 oz/½ tassa de fruits secs barrejats picats

225 g/8 oz/2 tasses de farina autolevant

5 ml/1 culleradeta de llevat en pols

Batem la mantega o la margarina, el sucre, la canyella i la pell de taronja fins que quedi lleugera i esponjosa. Batre els ous i el suc de taronja a poc a poc i, a continuació, incorporar les pastanagues, els fruits secs, la farina i el llevat en pols. Col·loqueu-lo en un motlle de pastís de 20 cm/8 untat i folrat i coure al forn preescalfat a 180°C/350°F/gas marca 4 durant 45 minuts fins que quedi elàstic al tacte.

Pastís de pastanaga, pinya i coco

Fa un pastís de 25 cm/10 polzades

3 ous

350 g/12 oz/1½ tasses de sucre llustre (superfi).

300 ml/½ pt/1¼ tassa d'oli

5 ml/1 cullaradeta d'essència de vainilla (extracte)

225 g/8 oz/2 tasses de farina normal (tot ús).

5 ml/1 cullaradeta de bicarbonat de sodi (bicarbonat de sodi)

10 ml/2 cullaradetes de canyella mòlta

5 ml/1 cullaradeta de sal

225 g/8 oz de pastanagues, ratllades

100 g/4 oz de pinya en conserva, escorreguda i triturada

100 g/4 oz/1 tassa de coco dessecat (rallat).

100 g/4 oz/1 tassa de fruits secs barrejats picats

Sucre llustre (de pastisseria), tamisat, per ruixar

Batem els ous, el sucre, l'oli i l'essència de vainilla. Barrejar la farina, el bicarbonat de sodi, la canyella i la sal i batre a poc a poc a la barreja. Incorporeu les pastanagues, la pinya, el coco i els fruits secs. Col·loqueu en un motlle (paella) de 25 cm untat i enfarinat i enforneu-ho al forn preescalfat a 160 °C/325 °F/gas marca 3 durant 1¼ hores fins que una broqueta introduïda al centre surti net. Deixeu refredar a la llauna durant 10 minuts abans de posar-lo a una reixeta per acabar de refredar. Espolvorear amb sucre llustre abans de servir.

Pastís de pastanaga i pistatxo

Fa un pastís de 23 cm

100 g/4 oz/½ tassa de mantega o margarina, suavitzada

100 g/4 oz/½ tassa de sucre llustre (superfi).

2 ous

225 g/8 oz/2 tasses de farina normal (tot ús).

5 ml/1 culleradeta de bicarbonat de sodi (bicarbonat de sodi)

5 ml/1 culleradeta de cardamom mòlt

225 g/8 oz de pastanagues, ratllades

50 g/2 oz/½ tassa de festucs, picats

50 g/2 oz/½ tassa d'ametlla mòlta

100 g/4 oz/2/3 tassa de sultanes (panses daurades)

Batem la mantega o la margarina i el sucre fins que quedi lleuger i esponjós. Batre els ous a poc a poc, batent bé després de cada incorporació, després incorporar la farina, el bicarbonat de sodi i el cardamom. Incorporeu les pastanagues, els fruits secs, les ametlles mòltes i les panses. Col·loqueu la barreja en un motlle de pastís de 23 cm/9 untat i folrat i coure al forn preescalfat a 180°C/350°F/gas marca 4 durant 40 minuts fins que estigui ben pujat, daurat i elàstic al tacte.

Pastís de pastanaga i nous

Fa un pastís de 23 cm

200 ml/7 fl oz/escàs 1 tassa d'oli

4 ous

225 g/8 oz/2/3 tassa de mel clara

225 g/8 oz/2 tasses de farina integral (integral).

10 ml/2 culleradetes de llevat en pols

2,5 ml/½ culleradeta de bicarbonat de sodi (bicarbonat de sodi)

Un pessic de sal

5 ml/1 culleradeta d'essència de vainilla (extracte)

175 g/6 oz de pastanagues, ratllades gruixudes

175 g/6 oz/1 tassa de panses

100 g/4 oz/1 tassa de nous, picades finament

Barregeu l'oli, els ous i la mel. Incorporeu-hi a poc a poc tots els ingredients restants i bateu fins que quedi ben barrejat. Col·loqueu en un motlle (paella) untat i enfarinat de 23 cm i coure al forn preescalfat a 180°C/350°F/gas marca 4 durant 1 hora fins que una broqueta introduïda al centre surti net.

Pastís de pastanaga especiat

Fa un pastís de 18 cm

175 g/6 oz/1 tassa de dàtils

120 ml/4 fl oz/½ tassa d'aigua

175 g/6 oz/¾ tassa de mantega o margarina, suavitzada

2 ous, lleugerament batuts

225 g/8 oz/2 tasses de farina autolevant

175 g/6 oz de pastanagues, ratllades finament

25 g/1 oz/¼ tassa d'ametlles mòltes

Pela ratllada d'1 taronja

2,5 ml/½ culleradeta d'espècies barrejades (pastís de poma) mòlts

2,5 ml/½ culleradeta de canyella mòlta

2,5 ml/½ culleradeta de gingebre mòlt

              Per a la cobertura (glaçada):

350 g/12 oz/1½ tasses de quark

25 g/1 oz/2 cullerades de mantega o margarina, suavitzada

Pela ratllada d'1 taronja

Poseu els dàtils i l'aigua en una paella petita, deixeu-ho bullir i deixeu-ho coure a foc lent durant 10 minuts fins que estiguin tendres. Traieu i descarteu els pinyols (foses), després piqueu els dàtils ben petits. Barrejar els dàtils i el líquid, la mantega o la margarina i els ous fins que quedi una crema. Incorporeu tots els ingredients restants del pastís. Col·loqueu la barreja en un motlle de pastís de 18 cm/7 untat i folrat i coeu-ho al forn preescalfat a 180°C/350°F/gas marca 4 durant 1 hora fins que una broqueta introduïda al centre surti net. Deixeu refredar a la llauna durant 10 minuts abans de posar-lo a una reixeta per acabar de refredar.

Per fer la cobertura, batem tots els ingredients fins que tinguis una consistència untable, afegint-hi una mica més de suc de taronja o aigua si cal. Talleu el pastís per la meitat horitzontalment, entreu les capes juntament amb la meitat de la cobertura i repartiu la resta per sobre.

Pastís de pastanaga i sucre moreno

Fa un pastís de 18 cm

5 ous, separats

200 g/7 oz/escàs 1 tassa de sucre morè tou

15 ml/1 cullerada de suc de llimona

300 g/10 oz de pastanagues, ratllades

225 g/8 oz/2 tasses d'ametlla mòlta

25 g/1 oz/¼ tassa de farina integral (integral).

5 ml/1 culleradeta de canyella mòlta

25 g/1 oz/2 cullerades de mantega o margarina, fosa

25 g/1 oz/2 cullerades de sucre llustre (superfi).

30 ml/2 cullerades de nata (lleugera).

75 g/3 oz/¾ tassa de fruits secs barrejats picats

Bateu els rovells d'ou fins que estiguin escumoses, bateu-hi el sucre fins que quedi suau i després bateu-hi el suc de llimona. Incorporeu-hi un terç de les pastanagues, després un terç de les ametlles i continueu així fins que estiguin totes combinades. Incorporeu-hi la farina i la canyella. Bateu les clares fins que estiguin rígides i, a continuació, incorporeu-les a la barreja amb una cullera metàl·lica. Col·loqueu-lo en un motlle (paella) untat i folrat de 18 cm de profunditat i coure al forn preescalfat a 180 °C/350 °F/gas marca 4 durant 1 hora. Cobriu el pastís sense gruix amb paper encerat (encerat) i reduïu la temperatura del forn a 160 °C/325 °F/marca de gas 3 durant 15 minuts més o fins que el pastís s'encongeix lleugerament dels costats de la llauna i el centre encara estigui humit. . Deixeu el pastís a la llauna fins que estigui ben calent, després torneu-lo per acabar de refredar.

Combineu la mantega fosa o la margarina, el sucre, la nata i els fruits secs, aboqueu-hi el pastís i deixeu-ho coure sota una graella mitjana (broiler) fins que estigui daurat.

Pastís de carbassó i medul·la

Fa un pastís de 20 cm

225 g/8 oz/1 tassa de sucre llustre (superfi).

2 ous, batuts

120 ml/4 fl oz/½ tassa d'oli

100 g/4 oz/1 tassa de farina normal (tot ús).

5 ml/1 culleradeta de llevat en pols

2,5 ml/½ culleradeta de bicarbonat de sodi (bicarbonat de sodi)

2,5 ml/½ culleradeta de sal

100 g/4 oz de carbassons (carbassó), ratllats

100 g/4 oz de pinya triturada

50 g/2 oz/½ tassa de nous, picades

5 ml/1 culleradeta d'essència de vainilla (extracte)

Bateu el sucre i els ous fins que estiguin ben barrejats i ben barrejats. Bateu l'oli i després els ingredients secs. Incorporeu-hi els carbassons, la pinya, les nous i l'essència de vainilla. Col·loqueu en un motlle (paella) untat i enfarinat de 20 cm i coure al forn preescalfat a 180°C/350°F/gas marca 4 durant 1 hora fins que una broqueta introduïda al centre surti net. Deixeu refredar a la llauna durant 30 minuts abans de posar-la a una reixeta per acabar de refredar.

Pastís de carbassó i taronja

Fa un pastís de 25 cm/10 polzades

225 g/8 oz/1 tassa de mantega o margarina, suavitzada

450 g/1 lb/2 tasses de sucre moreno suau

4 ous, lleugerament batuts

275 g/10 oz/2½ tasses de farina normal (tot ús).

15 ml/1 cullerada de llevat en pols

2,5 ml/½ culleradeta de sal

5 ml/1 culleradeta de canyella mòlta

2,5 ml/½ culleradeta de nou moscada ratllada

Un polsim de clau mòlta

Pela ratllada i suc d'1 taronja

225 g/8 oz/2 tasses de carbassons (carbassó), ratllats

Batem la mantega o la margarina i el sucre fins que quedi lleuger i esponjós. Batre els ous a poc a poc i, a continuació, incorporar la farina, el llevat, la sal i les espècies alternativament amb la pell de taronja i el suc. Incorporeu-hi els carbassons. Col·loqueu en un motlle de pastís de 25 cm/10 untat i folrat i coure al forn preescalfat a 180 °C/350 °F/gas marca 4 durant 1 hora fins que estigui daurat i elàstic al tacte. Si la part superior comença a daurar-se massa cap al final de la cocció, cobreix-la amb paper encerat (encerat).

Pastís de carbassó especiat

Fa un pastís de 25 cm/10 polzades

350 g/12 oz/3 tasses de farina normal (tot ús).

10 ml/2 culleradetes de llevat en pols

7,5 ml/1½ culleradeta de canyella mòlta

5 ml/1 culleradeta de bicarbonat de sodi (bicarbonat de sodi)

2,5 ml/½ culleradeta de sal

8 clares d'ou

450 g/1 lb/2 tasses de sucre llustre (superfi).

100 g/4 oz/1 tassa de puré de poma (salsa)

120 ml/4 fl oz/½ tassa de llet de mantega

15 ml/1 cullerada d'essència de vainilla (extracte)

5 ml/1 culleradeta de pell de taronja ratllada finament

350 g/12 oz/3 tasses de carbassons (carbassó), ratllats

75 g/3 oz/¾ tassa de nous, picades

Per a la cobertura:

100 g/4 oz/½ tassa de formatge crema

25 g/1 oz/2 cullerades de mantega o margarina, suavitzada

5 ml/1 culleradeta de pell de taronja ratllada finament

10 ml/2 culleradetes de suc de taronja

350 g/12 oz/2 tasses de sucre llustre (de pastisseria), tamisat

Barrejar els ingredients secs. Bateu les clares fins que quedin pics suaus. Batre lentament el sucre, després el puré de poma, la mantega, l'essència de vainilla i la pell de taronja. Incorporeu la barreja de farina, després els carbassons i les nous. Col·loqueu en un motlle (paella) untat i enfarinat de 25 cm i coure al forn preescalfat a 150°C/300°F/gas marca 2 durant 1 hora fins que una broqueta introduïda al centre surti net. Deixar refredar a la llauna.

Bateu tots els ingredients de la cobertura fins que quedi suau, afegint-hi prou sucre per obtenir una consistència untable. Repartiu per sobre del pastís refredat.

Pastís de carbassa

Fa un pastís de 23 x 33 cm/9 x 13 polzades

450 g/1 lb/2 tasses de sucre llustre (superfí).

4 ous, batuts

375 ml/13 fl oz/1½ tasses d'oli

350 g/12 oz/3 tasses de farina normal (tot ús).

15 ml/1 cullerada de llevat en pols

10 ml/2 culleradetes de bicarbonat de sodi (bicarbonat de sodi)

10 ml/2 culleradetes de canyella mòlta

2,5 ml/½ culleradeta de gingebre mòlt

Un pessic de sal

225 g/8 oz de carbassa cuita a daus

100 g/4 oz/1 tassa de nous, picades

Bateu el sucre i els ous fins que estiguin ben barrejats, després bateu-hi l'oli. Barregeu la resta d'ingredients. Col·loqueu en un motlle (paella) de 23 x 33 cm/ 9 x 13 untat i enfarinat i coure al forn preescalfat a 180°C/350°F/gas marca 4 durant 1 hora fins que surti una broqueta introduïda al centre. net.

Pastís de carbassa amb fruita

Fa un pastís de 20 cm

100 g/4 oz/½ tassa de mantega o margarina, suavitzada

150 g/5 oz/2/3 tassa de sucre moreno suau

2 ous, lleugerament batuts

225 g/8 oz de carbassa cuita en fred

30 ml/2 cullerades de xarop daurat (blat de moro clar).

225 g/8 oz 1/1/3 tasses de fruita barrejada seca (mescla de pastís de fruites)

225 g/8 oz/2 tasses de farina autolevant

50 g/2 oz/½ tassa de segó

Batem la mantega o la margarina i el sucre fins que quedi lleuger i esponjós. Batre els ous a poc a poc i, a continuació, incorporar la resta d'ingredients. Col·loqueu-lo en un motlle de pastís de 20 cm/8 untat i folrat i coure al forn preescalfat a 160°C/325°F/gas marca 3 durant 1¼ hores fins que una broqueta introduïda al centre surti net.

Rotllet de carbassa especiat

Fa un rotlle de 30 cm/12 polzades

75 g/3 oz/¾ tassa de farina normal (tot ús).

5 ml/1 cullaradeta de bicarbonat de sodi (bicarbonat de sodi)

5 ml/1 cullaradeta de gingebre mòlt

2,5 ml/½ cullaradeta de nou moscada ratllada

10 ml/2 cullaradetes de canyella mòlta

Un pessic de sal

1 ou

225 g/8 oz/1 tassa de sucre llustre (superfí).

100 g/4 oz de carbassa cuita, tallada a daus

5 ml/1 cullaradeta de suc de llimona

4 clares d'ou

50 g/2 oz/½ tassa de nous, picades

50 g/2 oz/1/3 tassa de sucre llustre (de pastisseria), tamisat

Per al farcit:

175 g/6 oz/1 tassa de sucre llustre, tamisat

100 g/4 oz/½ tassa de formatge crema

2,5 ml/½ cullaradeta d'essència de vainilla (extracte)

Barregeu la farina, el bicarbonat de sodi, les espècies i la sal. Bateu l'ou fins que quedi espès i pàl·lid, després bateu-hi el sucre fins que la barreja estigui pàl·lida i cremosa. Incorporeu-hi la carbassa i el suc de llimona. Incorporeu la barreja de farina. En un bol net, batem les clares fins que estiguin rígides. Incorporeu-la a la barreja de pastís i repartiu-la en un motlle suís de 30 x 12 cm (12 x 8 cm) untat i folrat i espolseu-hi les nous per sobre. Coure al forn preescalfat a 190 °C/375 °F/gas marca 5 durant 10 minuts fins que quedi elàstic al tacte. Tamisar el sucre llustre sobre un drap de cuina net (drap de plat) i girar el pastís sobre la tovallola. Traieu el paper de folre i enrotlleu el pastís i la tovallola, després deixeu-ho refredar.

Per fer el farcit, bateu el sucre a poc a poc amb el formatge cremós i l'essència de vainilla fins a obtenir una mescla untable. Desenrotlleu el pastís i repartiu el farcit per sobre. Torneu a enrotllar el pastís i deixeu-ho refredar abans de servir-ho espolvorat amb una mica més de sucre llustre.

Pastís de ruibarbre i mel

Fa dos pastissos de 450 g/1 lb

250 g/9 oz/¾ tassa de mel clara

100 ml/4 fl oz/½ tassa d'oli

1 ou

5 ml/1 culleradeta de bicarbonat de sodi (bicarbonat de sodi)

60 ml/4 cullerades d'aigua

350 g/12 oz/3 tasses de farina integral (integral)

10 ml/2 culleradeta de sal

350 g/12 oz de ruibarbre, picat finament

5 ml/1 culleradeta d'essència de vainilla (extracte)

50 g/2 oz/½ tassa de fruits secs barrejats picats (opcional)

Per a la cobertura:

75 g/3 oz/1/3 tassa de sucre muscovado

5 ml/1 culleradeta de canyella mòlta

15 g/½ oz/1 cullerada de mantega o margarina, suavitzada

Barrejar la mel i l'oli. Afegiu l'ou i bateu bé. Afegiu el bicarbonat de sodi a l'aigua i deixeu-ho dissoldre. Barrejar la farina i la sal. Afegiu a la barreja de mel alternativament amb la barreja de bicarbonat de sodi. Incorporeu-hi el ruibarbre, l'essència de vainilla i els fruits secs, si feu servir. Aboqueu-los en dos motlles (paelles) de 450 g/1 lb untats. Barregeu els ingredients de la cobertura i repartiu-los sobre la barreja del pastís. Coure al forn preescalfat a 180 °C/350 °F/gas marca 4 durant 1 hora fins que estigui moll al tacte.

Pastís de moniato

Fa un pastís de 23 cm

300 g/11 oz/2¾ tasses de farina normal (tot ús).

15 ml/1 cullerada de llevat en pols

5 ml/1 culleradeta de canyella mòlta

5 ml/1 culleradeta de nou moscada ratllada

Un pessic de sal

350 g/12 oz/1¾ tasses de sucre llustre (superfi).

375 ml/13 fl oz/1½ tasses d'oli

60 ml/4 cullerades d'aigua bullida

4 ous, separats

225 g/8 oz de moniato, pelat i ratllat gruixut

100 g/4 oz/1 tassa de fruits secs barrejats picats

5 ml/1 culleradeta d'essència de vainilla (extracte)

                Per a la cobertura (glaçada):
225 g/8 oz/11/3 tasses de sucre llustre (refiteria), tamisat

50 g/2 oz/¼ tassa de mantega o margarina, suavitzada

250 g/9 oz/1 formatge cremós de tina mitjana

50 g/2 oz/½ tassa de fruits secs barrejats picats

Un polsim de canyella mòlta per espolvorear

Barregeu la farina, el llevat en pols, la canyella, la nou moscada i la sal. Bateu el sucre i l'oli, afegiu-hi l'aigua bullint i bateu fins que quedi ben integrat. Afegiu-hi els rovells d'ou i la barreja de farina i barregeu-ho fins que quedi ben integrat. Incorporeu els moniatos, els fruits secs i l'essència de vainilla. Batre les clares fins que estiguin rígides i després incorporar-les a la barreja. Col·loqueu-los en dos motlles (paelles) untats i enfarinats de 23 cm i coeu-los al forn preescalfat a 180 °C/350 °F/ marca de gas 4 durant 40 minuts fins que quedi elàstic al tacte. Deixeu-ho refredar a les llaunes durant 5 minuts, després poseu-ho a una reixeta per acabar de refredar.

Barregeu el sucre llustre, la mantega o la margarina i la meitat de la crema de formatge. Repartiu la meitat de la crema de formatge restant sobre un pastís i, a continuació, repartiu la cobertura sobre el formatge. Entreveu els pastissos junts. Repartiu la resta de formatge cremós per sobre i espolseu els fruits secs i la canyella per sobre abans de servir.

Pastís d'ametlla italià

Fa un pastís de 20 cm

1 ou

150 ml/¼ pt/2/3 tassa de llet

2,5 ml/½ culleradeta d'essència d'ametlla (extracte)

45 ml/3 cullerades de mantega, fosa

350 g/12 oz/3 tasses de farina normal (tot ús).

100 g/4 oz/½ tassa de sucre llustre (superfi).

10 ml/2 culleradetes de llevat en pols

2,5 ml/½ culleradeta de sal

1 clara d'ou

100 g/4 oz/1 tassa d'ametlles, picades

Bateu l'ou en un bol i, tot seguit, afegiu-hi a poc a poc la llet, l'essència d'ametlla i la mantega fosa, sense parar de batre. Afegiu la farina, el sucre, el llevat en pols i la sal i continueu barrejant fins que quedi homogeni. Col·loqueu-lo en un motlle (paella) untat i folrat de 20 cm. Batre la clara d'ou fins que estigui escumosa, després pinzellar generosament la part superior del pastís i espolvorear amb les ametlles. Coure al forn preescalfat a 220 °C/425 °F/gas marca 7 durant 25 minuts fins que estigui daurat i elàstic al tacte.

Torta d'ametlla i cafè

Fa un pastís de 23 cm

8 ous, separats

175 g/6 oz/¾ tassa de sucre llustre (superfi).

60 ml/4 cullerades de cafè negre fort

175 g/6 oz/1½ tasses d'ametlla mòlta

45 ml/3 cullerades de sèmola (crema de blat)

100 g/4 oz/1 tassa de farina normal (tot ús).

Bateu els rovells d'ou i el sucre fins que estiguin ben espesos i cremós. Afegiu el cafè, les ametlles mòltes i la sèmola i bateu bé. Incorporeu-hi la farina. Batre les clares fins que estiguin rígides i després incorporar-les a la barreja. Col·loqueu-lo en un motlle (paella) de 23 cm untat d'oli i coure-ho al forn preescalfat a 180 °C/350 °F/gas marca 4 durant 45 minuts fins que quedi elàstic al tacte.

Pastís d'ametlla i mel

Fa un pastís de 20 cm

225 g/8 oz de pastanagues, ratllades

75 g/3 oz/¾ tassa d'ametlles, picades

2 ous, batuts

100 ml/4 fl oz/½ tassa de mel clara

60 ml/4 cullerades d'oli

150 ml/¼ pt/2/3 tassa de llet

150 g/5 oz/1¼ tasses de farina integral (integral).

10 ml/2 culleradeta de sal

10 ml/2 culleradetes de bicarbonat de sodi (bicarbonat de sodi)

15 ml/1 cullerada de canyella mòlta

Barregeu les pastanagues i els fruits secs. Bateu els ous amb la mel, l'oli i la llet i, a continuació, remeneu-los a la barreja de pastanaga. Barrejar la farina, la sal, el bicarbonat de sodi i la canyella i remenar a la barreja de pastanaga. Col·loqueu la barreja en un motlle quadrat (paella) de 20 cm untat i folrat i coure al forn preescalfat a 150 °C/300 °F/gas marca 2 durant 1¾ hores fins que una broqueta introduïda al centre surti net. . Deixeu refredar a la llauna durant 10 minuts abans de sortir.

Pastís d'ametlla i llimona

Fa un pastís de 23 cm

25 g/1 oz/¼ tassa d'ametlles en escates (esqueixades).

100 g/4 oz/½ tassa de mantega o margarina, suavitzada

100 g/4 oz/½ tassa de sucre moreno suau

2 ous, batuts

100 g/4 oz/1 tassa de farina autolevant

Pela ratllada d'1 llimona

Per al xarop:
75 g/3 oz/1/3 tassa de sucre (superfi).

45–60 ml/3–4 cullerades de suc de llimona

Unteu i folreu un motlle de pastís de 23 cm/9 i espolseu les ametlles per sobre de la base. Batem la mantega i el sucre moreno. Batre els ous d'un en un, després incorporar la farina i la pell de llimona. Col·loqueu a la llauna preparada i niveleu la superfície. Coure al forn preescalfat a 180 °C/350 °F/gas marca 4 durant 20-25 minuts fins que estigui ben pujat i elàstic al tacte.

Mentrestant, escalfeu el sucre llustre i el suc de llimona en una paella, remenant de tant en tant, fins que el sucre s'hagi dissolt. Traieu el pastís del forn i deixeu-ho refredar durant 2 minuts, després poseu-lo a una reixeta amb la base a dalt. Aboqueu-hi l'almívar i deixeu-ho refredar completament.

Pastís d'ametlla amb taronja

Fa un pastís de 20 cm

225 g/8 oz/1 tassa de mantega o margarina, suavitzada

225 g/8 oz/1 tassa de sucre llustre (superfi).

4 ous, separats

225 g/8 oz/2 tasses de farina normal (tot ús).

10 ml/2 culleradetes de llevat en pols

50 g/2 oz/½ tassa d'ametlla mòlta

5 ml/1 culleradeta de pell de taronja ratllada

Batem la mantega o la margarina i el sucre fins que quedi lleuger i esponjós. Batre els rovells d'ou, després incorporar la farina, el llevat en pols, l'ametlla mòlta i la pell de taronja. Bateu les clares fins que estiguin rígides i, a continuació, incorporeu-les a la barreja amb una cullera de metall. Col·loqueu-ho en un motlle (paella) de 20 cm untat i folrat i enforneu-ho al forn preescalfat a 180 °C durant 1 hora fins que una broqueta introduïda al centre surti net.

Pastís ric d'ametlla

Fa un pastís de 18 cm

100 g/4 oz/½ tassa de mantega o margarina, suavitzada

150 g/5 oz/2/3 tassa de sucre llustre (superfí).

3 ous, lleugerament batuts

75 g/3 oz/¾ tassa d'ametlla mòlta

50 g/2 oz/½ tassa de farina normal (tot ús).

Unes gotes d'essència d'ametlla (extracte)

Batem la mantega o la margarina i el sucre fins que quedi lleuger i esponjós. Batre els ous a poc a poc, després incorporar l'ametlla mòlta, la farina i l'essència d'ametlla. Col·loqueu-lo en un motlle de pastís de 18 cm/7 untat i folrat i coure al forn preescalfat a 180°C/350°F/gas marca 4 durant 45 minuts fins que quedi elàstic al tacte.

Pastís de macarrons suec

Fa un pastís de 23 cm

100 g/4 oz/1 tassa d'ametlla mòlta

75 g/3 oz/1/3 tassa de sucre granulat

5 ml/1 culleradeta de llevat en pols

2 clares grans, muntades

Barregeu les ametlles, el sucre i el llevat. Incorporeu-hi les clares fins que la mescla sigui espessa i llisa. Col·loqueu-lo en un motlle sandvitx (paella) de 23 cm engreixat i folrat i coure al forn preescalfat a 160 °C/325 °F/gas marca 3 durant 20-25 minuts fins que estigui daurat. Sortiu del motlle amb molta cura ja que el pastís és fràgil.

Pa de coco

Fa un pa de 450 g/1 lb

100 g/4 oz/1 tassa de farina autolevant

225 g/8 oz/1 tassa de sucre llustre (superfi).

100 g/4 oz/1 tassa de coco dessecat (rallat).

1 ou

120 ml/4 fl oz/½ tassa de llet

Un pessic de sal

Barregeu bé tots els ingredients i poseu-los en un motlle de 450 g untat i folrat amb una cullera. Coure al forn preescalfat a 180 °C/350 °F/gas marca 4 durant aproximadament 1 hora fins que estigui daurat i elàstic al tacte.

Pastís de coco

Fa un pastís de 23 cm

75 g/3 oz/1/3 tassa de mantega o margarina

150 ml/¼ pt/2/3 tassa de llet

2 ous, lleugerament batuts

225 g/8 oz/1 tassa de sucre llustre (superfí).

150 g/5 oz/1¼ tasses de farina autolevant

Un pessic de sal

Per a la cobertura:

100 g/4 oz/½ tassa de mantega o margarina

75 g/3 oz/¾ tassa de coco dessecat (rallat).

60 ml/4 cullerades de mel clara

45 ml/3 cullerades de llet

50 g/2 oz/¼ tassa de sucre morena suau

Desfeu la mantega o la margarina a la llet i deixeu-ho refredar una mica. Bateu els ous i el sucre en llustre fins que estiguin lleugers i espumosos, després bateu-hi la barreja de mantega i llet. Incorporeu-hi la farina i la sal per fer una barreja bastant fina. Col·loqueu-lo en un motlle de pastís de 23 cm/9 untat i folrat i coure al forn preescalfat a 180 °C/350 °F/gas marca 4 durant 40 minuts fins que estigui daurat i elàstic al tacte.

Mentrestant, poseu a bullir els ingredients de la cobertura en una cassola. Gireu el pastís calent i poseu-hi una cullera sobre la barreja de cobertura. Col·loqueu sota una graella calenta (grill) durant uns minuts fins que la cobertura comenci a daurar-se.

Pastís de coco daurat

Fa un pastís de 20 cm

100 g/4 oz/½ tassa de mantega o margarina, suavitzada

200 g/7 oz/escàs 1 tassa de sucre en pols (superfí).

200 g/7 oz/1¾ tasses de farina normal (tot ús).

10 ml/2 culleradetes de llevat en pols

Un pessic de sal

175 ml/6 fl oz/¾ tassa de llet

3 clares d'ou

Per al farciment i la cobertura:
150 g/5 oz/1¼ tasses de coco dessecat (rallat).

200 g/7 oz/escàs 1 tassa de sucre en pols (superfí).

120 ml/4 fl oz/½ tassa de llet

120 ml/4 fl oz/½ tassa d'aigua

3 rovells d'ou

Batem la mantega o la margarina i el sucre fins que quedi lleuger i esponjós. Incorporeu la farina, el llevat i la sal a la barreja alternativament amb la llet i l'aigua fins que quedeu una massa homogènia. Batre les clares fins que estiguin rígides i després incorporar-les a la massa. Col·loqueu la barreja en dos motlles de pastissos de 20 cm/8 untats i coure al forn preescalfat a 180°C/350°F/marca de gas 4 durant 25 minuts fins que quedi elàstic al tacte. Deixar refredar.

Barregeu el coco, el sucre, la llet i els rovells d'ou en una paella petita. Escalfeu a foc suau durant uns minuts fins que els ous estiguin cuits, sense parar de remenar. Deixar refredar. Entreveu els pastissos juntament amb la meitat de la barreja de coco i, a continuació, poseu-hi la resta per sobre.

Pastís de capa de coco

Fa un pastís de 9 x 18 cm/3½ x 7 polzades

100 g/4 oz/½ tassa de mantega o margarina, suavitzada

175 g/6 oz/¾ tassa de sucre llustre (superfi).

3 ous

175 g/6 oz/1½ tasses de farina normal (tot ús).

5 ml/1 culleradeta de llevat en pols

175 g/6 oz/1 tassa de sultanes (panses daurades)

120 ml/4 fl oz/½ tassa de llet

6 galetes simples (galetes), triturades

100 g/4 oz/½ tassa de sucre moreno suau

100 g/4 oz/1 tassa de coco dessecat (rallat).

Batem la mantega o la margarina i el sucre llustre fins que quedi lleuger i esponjós. Batre a poc a poc dos dels ous, després incorporar la farina, el llevat i les sultanes alternativament amb la llet. Col·loqueu la meitat de la barreja en un motlle (paella) de 450 g/1 lb untat i folrat. Barregeu l'ou restant amb les molles de galetes, el sucre moreno i el coco i espolseu-ho a la llauna. Aboqueu-hi la barreja restant i poseu-ho al forn preescalfat a 180 °C/350 °F/gas marca 4 durant 1 hora. Deixeu-ho refredar a la llauna durant 30 minuts, després poseu-ho a una reixeta per acabar de refredar.

Pastís de coco i llimona

Fa un pastís de 20 cm

100 g/4 oz/½ tassa de mantega o margarina, suavitzada

75 g/3 oz/1/3 tassa de sucre morena suau

Pela ratllada d'1 llimona

1 ou, batut

Unes gotes d'essència d'ametlla (extracte)

350 g/12 oz/3 tasses de farina autolevant

60 ml/4 cullerades de melmelada de gerds (conservar)

Per a la cobertura:

1 ou, batut

75 g/3 oz/1/3 tassa de sucre morena suau

225 g/8 oz/2 tasses de coco dessecat (rallat).

Batem la mantega o la margarina, el sucre i la pell de llimona fins que quedi lleugera i esponjosa. A poc a poc anem incorporant l'ou i l'essència d'ametlla i, tot seguit, la farina. Col·loqueu la barreja en un motlle (paella) untat i folrat de 20 cm/8. Aboqueu la melmelada sobre la barreja. Bateu els ingredients de la cobertura i repartiu-los per sobre de la barreja. Coure al forn preescalfat a 180 °C/350 °F/gas marca 4 durant 30 minuts fins que estigui elàstic al tacte. Deixar refredar a la llauna.

Pastís d'any nou de coco

Fa un pastís de 18 cm

100 g/4 oz/½ tassa de mantega o margarina, suavitzada

100 g/4 oz/½ tassa de sucre llustre (superfi).

2 ous, lleugerament batuts

75 g/3 oz/¾ tassa de farina normal (tot ús).

45 ml/3 cullerades de coco dessecat (rallat).

30 ml/2 cullerades de rom

Unes gotes d'essència d'ametlla (extracte)

Unes gotes d'essència de llimona (extracte)

Batem la mantega i el sucre fins que quedi lleuger i esponjós. Batre els ous a poc a poc i després incorporar la farina i el coco. Incorporeu-hi el rom i les essències. Col·loqueu-lo en un motlle (paella) untat i folrat de 18 cm/7 i niveleu la superfície. Coure al forn preescalfat a 190 °C/375 °F / marca de gas 5 durant 45 minuts fins que una broqueta introduïda al centre surti net. Deixar refredar a la llauna.

Pastís de coco i Sultana

Fa un pastís de 23 cm

100 g/4 oz/½ tassa de mantega o margarina, suavitzada

175 g/6 oz/¾ tassa de sucre llustre (superfi).

2 ous, lleugerament batuts

175 g/6 oz/1½ tasses de farina normal (tot ús).

5 ml/1 culleradeta de llevat en pols

Un pessic de sal

175 g/6 oz/1 tassa de sultanes (panses daurades)

120 ml/4 fl oz/½ tassa de llet

Per al farcit:

1 ou, lleugerament batut

50 g/2 oz/½ tassa de molles de galetes (galetes).

100 g/4 oz/½ tassa de sucre moreno suau

100 g/4 oz/1 tassa de coco dessecat (rallat).

Batem la mantega o la margarina i el sucre llustre fins que quedi lleuger i esponjós. Incorporeu els ous a poc a poc. Incorporeu la farina, el llevat en pols, la sal i les sultanes amb prou llet per obtenir una consistència suau. Aboqueu la meitat de la mescla en un motlle (paella) untat de 23 cm/9 d'oli. Barregeu els ingredients del farcit i poseu-hi una cullera per sobre de la barreja i, a continuació, poseu-hi la resta de la barreja de pastís. Coure al forn preescalfat a 180 ° C / 350 ° F / marca de gas 4 durant 1 hora fins que estigui elàstic al tacte i comenci a encongir-se dels costats de la llauna. Deixar refredar a la llauna abans de sortir.

Pastís de fruits secs cruixent

Fa un pastís de 23 cm

225 g/8 oz/1 tassa de mantega o margarina, suavitzada

225 g/8 oz/1 tassa de sucre llustre (superfí).

2 ous, lleugerament batuts

225 g/8 oz/2 tasses de farina normal (tot ús).

2,5 ml/½ culleradeta de bicarbonat de sodi (bicarbonat de sodi)

2,5 ml/½ culleradeta de crema de tàrtar

200 ml/7 fl oz/escassa 1 tassa de llet

Per a la cobertura:

100 g/4 oz/1 tassa de fruits secs barrejats picats

100 g/4 oz/½ tassa de sucre moreno suau

5 ml/1 culleradeta de canyella mòlta

Batem la mantega o la margarina i el sucre llustre fins que quedi lleuger i esponjós. Anem incorporant els ous a poc a poc i, a continuació, incorporarem la farina, el bicarbonat de sodi i la crema de tàrtar alternativament amb la llet. Col·loqueu-lo en un motlle (paella) untat i folrat de 23 cm/9. Barregeu els fruits secs, el sucre moreno i la canyella i espolseu-ho per sobre del pastís. Coure al forn preescalfat a 180 °C/350 °F/gas marca 4 durant 40 minuts fins que estigui daurat i s'allunyi dels costats de la llauna. Deixeu-ho refredar a la llauna durant 10 minuts, després poseu-ho a una reixeta per acabar de refredar.

Pastís de fruits secs barrejats

Fa un pastís de 23 cm

100 g/4 oz/½ tassa de mantega o margarina, suavitzada

225 g/8 oz/1 tassa de sucre llustre (superfí).

1 ou, batut

225 g/8 oz/2 tasses de farina autolevant

10 ml/2 culleradetes de llevat en pols

Un pessic de sal

250 ml/8 fl oz/1 tassa de llet

5 ml/1 culleradeta d'essència de vainilla (extracte)

2,5 ml/½ culleradeta d'essència de llimona (extracte)

100 g/4 oz/1 tassa de fruits secs barrejats picats

Batem la mantega o la margarina i el sucre fins que quedi lleuger i esponjós. Batre l'ou a poc a poc. Barrejar la farina, el llevat i la sal i afegir a la mescla alternativament amb la llet i les essències. Doblegueu els fruits secs. Col·loqueu-los en dos motlles (paelles) untats i folrats de 23 cm i coure al forn preescalfat a 180 °F/350 °F/gas marca 4 durant 40 minuts fins que una broqueta introduïda al centre surti net.

Pastís de fruits secs grecs

Fa un pastís de 25 cm/10 polzades

100 g/4 oz/½ tassa de mantega o margarina, suavitzada

225 g/8 oz/1 tassa de sucre llustre (superfi).

3 ous, lleugerament batuts

250 g/9 oz/2¼ tasses de farina normal (tot ús).

225 g/8 oz/2 tasses de nous, mòltes

10 ml/2 culleradetes de llevat en pols

5 ml/1 culleradeta de canyella mòlta

1,5 ml/¼ culleradeta de clau mòlta

Un pessic de sal

75 ml/5 cullerades de llet

Per al xarop de mel:

175 g/6 oz/¾ tassa de sucre llustre (superfi).

75 g/3 oz/¼ tassa de mel clara

15 ml/1 cullerada de suc de llimona

250 ml/8 fl oz/1 tassa d'aigua bullint

Batem la mantega o la margarina i el sucre fins que quedi lleuger i esponjós. Batre els ous a poc a poc, després incorporar la farina, les nous, el llevat en pols, les espècies i la sal. Afegiu la llet i barregeu fins que quedi homogeni. Col·loqueu-lo en un motlle de pastís de 25 cm/10 untat i enfarinat i coure al forn preescalfat a 180°C/350°F/marca de gas 4 durant 40 minuts fins que estigui elàstic al tacte. Deixar refredar a la llauna durant 10 minuts i després passar a una reixeta.

Per fer l'almívar, barregeu el sucre, la mel, el suc de llimona i l'aigua i escalfeu fins que es dissolgui. Punxeu el pastís calent per tot arreu amb una forquilla i, a continuació, poseu-hi una cullera sobre el xarop de mel.

Pastís gelat de nous

Fa un pastís de 18 cm

100 g/4 oz/½ tassa de mantega o margarina, suavitzada

100 g/4 oz/½ tassa de sucre llustre (superfí).

2 ous, lleugerament batuts

100 g/4 oz/1 tassa de farina autolevant

100 g/4 oz/1 tassa de nous, picades

Un pessic de sal

Per a la cobertura (glaçada):

450 g/1 lb/2 tasses de sucre granulat

150 ml/¼ pt/2/3 tassa d'aigua

2 clares d'ou

Unes quantes meitats de nous per decorar

Batem la mantega o la margarina i el sucre llustre fins que quedi lleuger i esponjós. Batre els ous a poc a poc i després incorporar la farina, els fruits secs i la sal. Aboqueu la mescla en dos motlles de pastissos de 18 cm/7 untats i folrats i enforneu-los al forn preescalfat a 180°C/350°F/gas marca 4 durant 25 minuts fins que estigui ben elevat i elàstic al tacte. Deixar refredar.

Dissoleu el sucre granulat a l'aigua a foc lent, remenant contínuament, després porteu-ho a ebullició i continueu bullint, sense remenar, fins que una gota de la mescla formi una bola tova quan es deixa caure a l'aigua freda. Mentrestant, batem les clares en un bol net fins que estiguin rígides. Aboqueu l'almívar sobre la clara d'ou i bateu fins que la barreja sigui prou espessa per cobrir el dors d'una cullera. Entreveu els pastissos juntament amb una capa de cobertura, després repartiu-ne la resta per la part superior i els costats del pastís i decoreu amb les meitats de nous.

Pastís de nous amb crema de xocolata

Fa un pastís de 18 cm

3 ous

75 g/3 oz/1/3 tassa de sucre morena suau

50 g/2 oz/½ tassa de farina integral (integral).

25 g/1 oz/¼ tassa de cacau (xocolata sense sucre) en pols

Per a la cobertura (glaçada):

150 g/5 oz/1¼ tasses de xocolata normal (semidolça).

225 g/8 oz/1 tassa de formatge cremós baix en greix

45 ml/3 cullerades de sucre llustre, tamisat

75 g/3 oz/¾ tassa de nous, picades

15 ml/1 cullerada de brandi (opcional)

Xocolata ratllada per guarnir

Batre els ous i el sucre morè fins que estiguin pàl·lids i espès. Incorporeu-hi la farina i el cacau. Col·loqueu la barreja en dues llaunes de sandvitx (paelles) de 18 cm/7 untades i folrades i coure-les al forn preescalfat a 190 °C/375 °F/gas marca 5 durant 15-20 minuts fins que estiguin ben elevades i elàstiques al tacte. Retirar de les llaunes i deixar refredar.

Desfeu la xocolata en un bol resistent a la calor posat sobre una cassola amb aigua a foc lent. Retireu del foc i afegiu-hi el formatge cremós i el sucre llustre, després afegiu-hi els fruits secs i el brandi, si ho feu servir. Entreveu els pastissos juntament amb la major part del farcit i repartiu la resta per sobre. Decoreu amb la xocolata ratllada.

Pastís de nous amb mel i canyella

Fa un pastís de 23 cm

225 g/8 oz/2 tasses de farina normal (tot ús).

10 ml/2 culleradetes de llevat en pols

5 ml/1 culleradeta de bicarbonat de sodi (bicarbonat de sodi)

5 ml/1 culleradeta de canyella mòlta

Un pessic de sal

100 g/4 oz/1 tassa de iogurt natural

75 ml/5 cullerades d'oli

100 g/4 oz/1/3 tassa de mel clara

1 ou, lleugerament batut

5 ml/1 culleradeta d'essència de vainilla (extracte)

Per al farcit:

50 g/2 oz/½ tassa de nous picades

225 g/8 oz/1 tassa de sucre moreno suau

10 ml/2 culleradetes de canyella mòlta

30 ml/2 cullerades d'oli

Barregeu els ingredients secs per al pastís i feu un pou al centre. Batre els ingredients restants del pastís i barrejar amb els ingredients secs. Barregeu els ingredients per al farcit. Aboqueu la meitat de la barreja del pastís en un motlle (paella) untat i enfarinat de 23 cm i espolvoreu amb la meitat del farcit. Afegiu-hi la resta de la barreja del pastís, després el farcit restant. Coure al forn preescalfat a 180 °C/350 °F / marca de gas 4 durant 30 minuts fins que estigui ben pujat i estigui daurat i comenci a encongir-se dels costats de la paella.

Barres d'ametlla i mel

Fa 10

15 g/½ oz de llevat fresc o 20 ml/4 culleradetes de llevat sec

45 ml/3 cullerades de sucre llustre (superfí).

120 ml/4 fl oz/½ tassa de llet tèbia

300 g/11 oz/2¾ tasses de farina normal (tot ús).

Un pessic de sal

1 ou, lleugerament batut

50 g/2 oz/¼ tassa de mantega o margarina, suavitzada

300 ml/½ pt/1¼ tasses de nata doble (pesada).

30 ml/2 cullerades de sucre llustre, tamisat

45 ml/3 cullerades de mel clara

300 g/11 oz/2¾ tasses d'ametlles en escates (esqueixades).

Barregeu el llevat, 5 ml/1 culleradeta de sucre llustre i una mica de llet i deixeu-ho en un lloc càlid durant 20 minuts fins que estigui espumós. Barregeu la resta de sucre amb la farina i la sal i feu un pou al centre. Incorporeu gradualment l'ou, la mantega o la margarina, la barreja de llevat i la llet calenta restant i barregeu-ho fins a obtenir una massa suau. Pastar sobre una superfície lleugerament enfarinada fins que quedi suau i elàstic. Col·loqueu en un bol untat d'oli, cobriu-lo amb film transparent (embolcall de plàstic) i deixeu-ho en un lloc càlid durant 45 minuts fins que dobli el seu volum.

Torneu a amassar la massa, després esteneu-la i col·loqueu-la en un motlle de pastís de 30 x 20 cm/12 x 8 untat, punxeu-ho tot amb una forquilla, tapeu i deixeu-ho en un lloc càlid durant 10 minuts.

Poseu 120 ml/4 fl oz/½ tassa de nata, el sucre llustre i la mel en una cassola petita i deixeu-ho bullir. Retirar del foc i barrejar-hi les ametlles. Repartiu per sobre de la massa i, a continuació, enforneu al forn preescalfat a 200 °C/400 °F/gas marca 6 durant 20 minuts fins que estigui daurat i elàstic al tacte, cobrint amb paper encerat (encerat) si la part superior comença a daurar-se massa abans. el final de la cocció. Retirar i deixar refredar.

Talleu el pastís per la meitat horitzontalment. Munteu la nata restant fins que estigui ferma i repartiu-la per la meitat inferior del pastís. Damunt amb la meitat del pastís cobert d'ametlla i tallat en barres.

Crumble Bars de poma i grosella negra

Fa 12

175 g/6 oz/1½ tasses de farina normal (tot ús).

5 ml/1 culleradeta de llevat en pols

Un pessic de sal

175 g/6 oz/¾ tassa de mantega o margarina

225 g/8 oz/1 tassa de sucre moreno suau

100 g/4 oz/1 tassa de civada enrotllada

450 g/1 lb de pomes de cocció (tarda), pelades, sense cor i tallades a rodanxes

30 ml/2 cullerades de farina de blat de moro (maizena)

10 ml/2 culleradetes de canyella mòlta

2,5 ml/½ culleradeta de nou moscada ratllada

2,5 ml/½ culleradeta de pebre vermell mòlt

225 g/8 oz de groselles negres

Barregeu la farina, el llevat i la sal, després fregueu-hi la mantega o la margarina. Incorporeu-hi el sucre i la civada. Aboqueu la meitat a la base d'un motlle quadrat de 25 cm/9 untat i folrat. Barregeu les pomes, la farina de blat de moro i les espècies i repartiu-les. Damunt amb les groselles negres. Col·loqueu per sobre de la barreja restant i niveleu la part superior. Coure al forn preescalfat a 180 °C/350 °F/gas marca 4 durant 30 minuts fins que estigui primaveral. Deixar refredar i després tallar-los en barres.

Barres d'albercoc i civada

Fa 24

75 g/3 oz/½ tassa d'albercocs secs

25 g/1 oz/3 cullerades de sultanes (panses daurades)

250 ml/8 fl oz/1 tassa d'aigua

5 ml/1 culleradeta de suc de llimona

150 g/5 oz/2/3 tassa de sucre moreno suau

50 g/2 oz/½ tassa de coco dessecat (rallat).

50 g/2 oz/½ tassa de farina normal (tot ús).

2,5 ml/½ culleradeta de bicarbonat de sodi (bicarbonat de sodi)

100 g/4 oz/1 tassa de civada enrotllada

50 g/2 oz/¼ tassa de mantega, fosa

Poseu els albercocs, les sultanes, l'aigua, el suc de llimona i 30 ml/2 cullerades de sucre moreno en una paella petita i remeneu-ho a foc lent fins que espesseixi. Incorporeu-hi el coco i deixeu-ho refredar. Barregeu la farina, el bicarbonat de sodi, la civada i el sucre restant i, a continuació, barregeu-hi la mantega fosa. Premeu la meitat de la barreja de civada a la base d'un motlle de forn quadrat de 20 cm/8 untat i després repartiu-hi la barreja d'albercoc. Cobrir amb la resta de la barreja de civada i pressionar lleugerament. Coure al forn preescalfat a 180 °C/350 °F/gas marca 4 durant 30 minuts fins que estigui daurat. Deixar refredar i després tallar-los en barres.

Cruixents d'albercoc

Fa 16

100 g/4 oz/2/3 tassa d'albercocs secs llestos per menjar

120 ml/4 fl oz/½ tassa de suc de taronja

100 g/4 oz/½ tassa de mantega o margarina

75 g/3 oz/¾ tassa de farina integral (integral).

75 g/3 oz/¾ tassa de civada enrotllada

75 g/3 oz/1/3 tassa de sucre demerara

Remullar els albercocs en el suc de taronja durant almenys 30 minuts fins que estiguin suaus, després escórrer i picar. Frega la mantega o la margarina a la farina fins que la barreja sembli pa ratllat. Incorporeu-hi la civada i el sucre. Premeu la meitat de la mescla en una llauna suïssa de 30 x 20 cm/12 x 8 untada i espolvoreu amb els albercocs. Repartiu la barreja restant per sobre i premeu suaument. Coure al forn preescalfat a 180 °C/350 °F/gas marca 4 durant 25 minuts fins que estigui daurat. Deixeu refredar dins la llauna abans de treure i tallar en barres.

Barres de plàtan amb fruits secs

Fa uns 14

50 g/2 oz/¼ tassa de mantega o margarina, suavitzada

75 g/3 oz/1/3 tassa de motlle (superfí) o sucre moreno suau

2 plàtans grans, picats

175 g/6 oz/1½ tasses de farina normal (tot ús).

7,5 ml/1½ culleradeta de llevat en pols

2 ous, batuts

50 g/2 oz/½ tassa de nous, picades aproximadament

Batem la mantega o la margarina i el sucre. Tritureu els plàtans i remeneu-los a la barreja. Barrejar la farina i el llevat en pols. Afegiu la farina, els ous i els fruits secs a la barreja de plàtans i bateu-ho bé. Col·loqueu-lo en un motlle de pastís de 18 x 28 cm/7 x 11 untat i folrat, anivelleu la superfície i poseu-lo al forn preescalfat a 160 °C/325 °F/marca de gas 3 durant 30-35 minuts fins que quedi elàstic al tacte. Deixeu refredar uns minuts a la llauna i, a continuació, poseu-ho a una reixeta per acabar de refredar. Talleu en unes 14 barres.

Brownies americans

Fa uns 15

2 ous grans

225 g/8 oz/1 tassa de sucre llustre (superfi).

50 g/2 oz/¼ tassa de mantega o margarina, fosa

2,5 ml/½ culleradeta d'essència de vainilla (extracte)

75 g/3 oz/¾ tassa de farina normal (tot ús).

45 ml/3 cullerades de cacau (xocolata sense sucre) en pols

2,5 ml/½ culleradeta de llevat en pols

Un pessic de sal

50 g/2 oz/½ tassa de nous, picades aproximadament

Batre els ous i el sucre fins que quedi espess i cremós. Batre la mantega i l'essència de vainilla. Tamisar la farina, el cacau, el llevat i la sal i incorporar-hi la barreja amb les nous. Gireu en un motlle quadrat de 20 cm/8 ben untat. Coure al forn preescalfat a 180 °C/350 °F/gas marca 4 durant 40-45 minuts fins que estigui elàstic al tacte. Deixeu-ho a la llauna durant 10 minuts, després talleu-los a quadrats i traslladeu-los a una reixeta mentre encara estigui calent.

Brownies de caramel de xocolata

Fa uns 16

225 g/8 oz/1 tassa de mantega o margarina

175 g/6 oz/¾ tassa de sucre granulat

350 g/12 oz/3 tasses de farina autolevant

30 ml/2 cullerades de cacau (xocolata sense sucre) en pols

Per a la cobertura (glaçada):

175 g/6 oz/1 tassa de sucre llustre, tamisat

30 ml/2 cullerades de cacau (xocolata sense sucre) en pols

Aigua bullint

Desfeu la mantega o la margarina i, a continuació, afegiu-hi el sucre granulat. Incorporeu-hi la farina i el cacau. Premeu en un motlle (paella) folrat de 18 x 28 cm/7 x 11. Coure al forn preescalfat a 180 °C/350 °F/gas marca 4 durant uns 20 minuts fins que quedi elàstic al tacte.

Per fer la cobertura, tamiseu el sucre llustre i el cacau en un bol i afegiu-hi una gota d'aigua bullint. Remeneu-ho fins que quedi ben barrejat, afegint-hi una gota o més d'aigua si cal. Gel els brownies mentre encara estiguin calents (però no calents), després deixeu-los refredar abans de tallar-los a quadrats.

Brownies de nous i xocolata

Fa 12

50 g/2 oz/½ tassa de xocolata normal (semidolça).

75 g/3 oz/1/3 tassa de mantega o margarina

225 g/8 oz/1 tassa de sucre llustre (superfi).

75 g/3 oz/¾ tassa de farina normal (tot ús).

75 g/3 oz/¾ tassa de nous, picades

50 g/2 oz/½ tassa de xips de xocolata

2 ous, batuts

2,5 ml/½ culleradeta d'essència de vainilla (extracte)

Desfeu la xocolata i la mantega o la margarina en un bol resistent a la calor posat sobre una cassola amb aigua a foc lent. Retirar del foc i remenar la resta d'ingredients. Col·loqueu en un motlle (paella) de 20 cm untat i folrat i enforneu al forn preescalfat a 180°C/350°F/gas marca 4 durant 30 minuts fins que una broqueta introduïda al centre surti net. Deixar refredar a la llauna i després tallar-los a quadrats.

Barres de mantega

Fa 16

100 g/4 oz/½ tassa de mantega o margarina, suavitzada

100 g/4 oz/½ tassa de sucre llustre (superfí).

1 ou, separat

100 g/4 oz/1 tassa de farina normal (tot ús).

25 g/1 oz/¼ tassa de fruits secs barrejats picats

Batem la mantega o la margarina i el sucre fins que quedi lleuger i esponjós. Barregeu el rovell d'ou i, a continuació, afegiu-hi la farina i els fruits secs per fer una barreja bastant rígida. Si queda massa rígid, afegiu-hi una mica de llet; si està líquid, afegiu-hi una mica més de farina. Col·loqueu la massa en un motlle suís de 30 x 20 cm/12 x 8 untat (motlla de gelatina). Bateu la clara d'ou fins que estigui escumosa i repartiu-la per sobre de la barreja. Coure al forn preescalfat a 180 °C/350 °F/gas marca 4 durant 30 minuts fins que estigui daurat. Deixar refredar i després tallar-los en barres.

Safata de toffee de cirera

Fa 12

100 g/4 oz/1 tassa d'ametlles

225 g/8 oz/1 tassa de cireres glaçades (confitades), a la meitat

225 g/8 oz/1 tassa de mantega o margarina, suavitzada

225 g/8 oz/1 tassa de sucre llustre (superfí).

3 ous, batuts

100 g/4 oz/1 tassa de farina autolevant

50 g/2 oz/½ tassa d'ametlla mòlta

5 ml/1 culleradeta de llevat en pols

5 ml/1 culleradeta d'essència d'ametlla (extracte)

Espolseu les ametlles i les cireres sobre la base d'un motlle (paella) untat i folrat de 20 cm. Foneu 50 g/2 oz/¼ tassa de mantega o margarina amb 50 g/2 oz/¼ tassa de sucre i, a continuació, aboqueu-ho sobre les cireres i els fruits secs. Bateu la mantega o la margarina i el sucre restants fins que quedi lleugera i esponjosa, després bateu els ous i barregeu-hi la farina, l'ametlla mòlta, el llevat i l'essència d'ametlla. Aboqueu la barreja a la llauna i niveleu la part superior. Coure al forn preescalfat a 160 °C/325 °F/gas marca 3 durant 1 hora. Deixeu refredar a la llauna durant uns minuts i, a continuació, inverteixi amb cura sobre una reixeta, rascant qualsevol part del paper de folre si cal. Deixar refredar completament abans de tallar.

Safata amb xips de xocolata

Fa 24

100 g/4 oz/½ tassa de mantega o margarina, suavitzada

100 g/4 oz/½ tassa de sucre moreno suau

50 g/2 oz/¼ tassa de sucre (superfi).

1 ou

5 ml/1 culleradeta d'essència de vainilla (extracte)

100 g/4 oz/1 tassa de farina normal (tot ús).

2,5 ml/½ culleradeta de bicarbonat de sodi (bicarbonat de sodi)

Un pessic de sal

100 g/4 oz/1 tassa de xips de xocolata

Batem la mantega o la margarina i els sucres fins que quedi lleugera i esponjosa, després afegim l'ou i l'essència de vainilla a poc a poc. Incorporeu-hi la farina, el bicarbonat de sodi i la sal. Incorporeu-hi les xips de xocolata. Col·loqueu-lo en un motlle quadrat (paella) de 25 cm untat i enfarinat i coure al forn preescalfat a 190 °C/375 °F/gas marca 2 durant 15 minuts fins que estigui daurat. Deixar refredar i després tallar-los a quadrats.

Capa de crumble de canyella

Fa 12

Per a la base:

100 g/4 oz/½ tassa de mantega o margarina, suavitzada

30 ml/2 cullerades de mel clara

2 ous, lleugerament batuts

100 g/4 oz/1 tassa de farina normal (tot ús).

Per al crumble:

75 g/3 oz/1/3 tassa de mantega o margarina

75 g/3 oz/¾ tassa de farina normal (tot ús).

75 g/3 oz/¾ tassa de civada enrotllada

5 ml/1 culleradeta de canyella mòlta

50 g/2 oz/¼ tassa de sucre demerara

Batem la mantega o la margarina i la mel fins que quedi lleugera i esponjosa. Batre els ous a poc a poc i després incorporar la farina. Aboqueu la meitat de la mescla en un motlle quadrat de 20 cm/8 untat i niveleu la superfície.

Per fer el crumble, fregueu la mantega o la margarina a la farina fins que la barreja s'assembli al pa ratllat. Incorporeu-hi la civada, la canyella i el sucre. Aboqueu la meitat del crumble a la llauna, després poseu-hi la resta de la barreja de pastís i, a continuació, el crumble restant. Coure al forn preescalfat a 190 °C/375 °F/gas marca 5 durant uns 35 minuts fins que una broqueta introduïda al centre surti net. Deixar refredar i després tallar-los en barres.

Barres de canyella enganxosa

Fa 16

225 g/8 oz/2 tasses de farina normal (tot ús).

10 ml/2 culleradetes de llevat en pols

225 g/8 oz/1 tassa de sucre moreno suau

15 ml/1 cullerada de mantega fosa

250 ml/8 fl oz/1 tassa de llet

30 ml/2 cullerades de sucre demerara

10 ml/2 culleradetes de canyella mòlta

25 g/1 oz/2 cullerades de mantega, refrigerada i tallada a daus

Barrejar la farina, el llevat i el sucre. Incorporeu la mantega fosa i la llet i barregeu-ho bé. Premeu la barreja en dos motlles quadrats de 23 cm/9. Espolvorear la part superior amb el sucre demerara i la canyella, després premeu trossos de mantega per sobre de la superfície. Coure al forn preescalfat a 180 °C/350 °F / marca de gas 4 durant 30 minuts. La mantega farà forats a la barreja i quedarà pegajosa mentre es cuina.

Barretes de coco

Fa 16

75 g/3 oz/1/3 tassa de mantega o margarina

100 g/4 oz/1 tassa de farina normal (tot ús).

30 ml/2 cullerades de sucre llustre (superfi).

2 ous

100 g/4 oz/½ tassa de sucre moreno suau

Un pessic de sal

175 g/6 oz/1½ tasses de coco dessecat (rallat).

50 g/2 oz/½ tassa de fruits secs barrejats picats

Glaçat de taronja

Frega la mantega o la margarina a la farina fins que la barreja sembli pa ratllat. Incorporeu-hi el sucre i premeu-lo en un motlle quadrat de 23 cm/9 sense greix. Coure al forn preescalfat a 190 °C/350 °F/gas marca 4 durant 15 minuts fins que acabi de fixar-se. Barregeu els ous, el sucre moreno i la sal, afegiu-hi el coco i els fruits secs i repartiu-los per la base. Coure al forn durant 20 minuts fins que estigui ben daurat. Gel amb cobertura de taronja quan estigui fred. Tallar en barres.

Barres de sandvitxos de coco i melmelada

Fa 16

25 g/1 oz/2 cullerades de mantega o margarina

175 g/6 oz/1½ tasses de farina autolevant

225 g/8 oz/1 tassa de sucre llustre (superfi).

2 rovells d'ou

75 ml/5 cullerades d'aigua

175 g/6 oz/1½ tasses de coco dessecat (rallat).

4 clares d'ou

50 g/2 oz/½ tassa de farina normal (tot ús).

100 g/4 oz/1/3 tassa de melmelada de maduixa (conservar)

Frega la mantega o la margarina a la farina autoelevada i, a continuació, afegiu-hi 50 g/ 2 oz/¼ tassa de sucre. Batre els rovells d'ou i 45 ml/3 cullerades d'aigua i remenar a la barreja. Premeu a la base d'una llauna suïssa de 30 x 20 cm/12 x 8 (paella de gelatina) untada i punxeu-la amb una forquilla. Coure al forn preescalfat a 180 °C/350 °F/gas marca 4 durant 12 minuts. Deixar refredar.

Poseu en una cassola el coco, el sucre i l'aigua restants i una clara d'ou i remeneu-ho a foc lent fins que la mescla quedi grumosa sense deixar-la daurar. Deixar refredar. Barregeu-hi la farina normal. Batre les clares restants fins que estiguin rígides i després incorporar-les a la barreja. Repartiu la melmelada per la base, després repartiu-la amb la cobertura de coco. Coure al forn durant 30 minuts fins que estigui daurat. Deixar refredar a la llauna abans de tallar-les en barres.

Data i safata de poma

Fa 12

1 poma de cocció (tarda), pelada, sense cor i picada

225 g / 8 oz / 11/3 tasses de dàtils sense pinyol, picats

150 ml/¼ pt/2/3 tassa d'aigua

350 g/12 oz/3 tasses de civada enrotllada

175 g/6 oz/¾ tassa de mantega o margarina, fosa

45 ml/3 cullerades de sucre demerara

5 ml/1 culleradeta de canyella mòlta

Poseu les pomes, els dàtils i l'aigua en una cassola i deixeu-ho coure a foc lent durant uns 5 minuts fins que les pomes estiguin toves. Deixar refredar. Barregeu la civada, la mantega o la margarina, el sucre i la canyella. Col·loqueu la meitat en un motlle quadrat de 20 cm/8 untat i niveleu la superfície. Cobrir amb la barreja de poma i dàtil, després cobrir amb la resta de la barreja de civada i nivelar la superfície. Premeu suaument. Coure al forn preescalfat a 190 °C/375 °F/gas marca 5 durant uns 30 minuts fins que estiguin daurats. Deixar refredar i després tallar-los en barres.

Talls de data

Fa 12

225 g / 8 oz / 11/3 tasses de dàtils amb pedra (sense pinyol), picats

30 ml/2 cullerades de mel clara

30 ml/2 cullerades de suc de llimona

225 g/8 oz/1 tassa de mantega o margarina

225 g/8 oz/2 tasses de farina integral (integral).

225 g/8 oz/2 tasses de civada enrotllada

75 g/3 oz/1/3 tassa de sucre morena suau

Cuini els dàtils, la mel i el suc de llimona a foc lent durant uns minuts fins que els dàtils estiguin tous. Fregueu la mantega o la margarina amb la farina i la civada fins que la barreja sembli pa ratllat, i després remeneu-hi el sucre. Aboqueu la meitat de la mescla en un motlle quadrat de 20 cm/8 untat i folrat. Col·loqueu la barreja de dàtils per sobre i, a continuació, acabeu amb la barreja de pastís restant. Premeu amb fermesa. Coure al forn preescalfat a 190 °C/375 °F/gas marca 5 durant 35 minuts fins que quedi elàstic al tacte. Deixar refredar dins la llauna, tallant a rodanxes mentre encara estigui calent.

Barres de cites de l'àvia

Fa 16

100 g/4 oz/½ tassa de mantega o margarina, suavitzada

225 g/8 oz/1 tassa de sucre moreno suau

2 ous, lleugerament batuts

175 g/6 oz/1½ tasses de farina normal (tot ús).

2,5 ml/½ culleradeta de bicarbonat de sodi (bicarbonat de sodi)

5 ml/1 culleradeta de canyella mòlta

Un polsim de clau mòlta

Un polsim de nou moscada ratllada

175 g/6 oz/1 tassa de dàtils amb pinyols, picats

Batem la mantega o la margarina i el sucre fins que quedi lleuger i esponjós. Afegiu-hi els ous a poc a poc, batent bé després de cada incorporació. Incorporeu-hi els ingredients restants fins que estiguin ben barrejats. Col·loqueu-lo en un motlle quadrat (paella) de 23 cm untat i enfarinat i coure al forn preescalfat a 180°C/350°F/gas marca 4 durant 25 minuts fins que una broqueta introduïda al centre surti net. Deixar refredar i després tallar-los en barres.

Barres de civada i civada

Fa 16

175 g/6 oz/1 tassa de dàtils amb pinyols, picats

15 ml/1 cullerada de mel clara

30 ml/2 cullerades d'aigua

225 g/8 oz/2 tasses de farina integral (integral).

100 g/4 oz/1 tassa de civada enrotllada

100 g/4 oz/½ tassa de sucre moreno suau

150 g/5 oz/2/3 tassa de mantega o margarina, fosa

Bulliu a foc lent els dàtils, la mel i l'aigua en una paella petita fins que els dàtils estiguin tous. Barregeu la farina, la civada i el sucre i, a continuació, barregeu-hi la mantega fosa o la margarina. Premeu la meitat de la barreja en un motlle quadrat de 18 cm/7 d'oli untat, espolvoreu amb la barreja de dàtils, a continuació, a sobre amb la barreja de civada restant i premeu suaument. Coure al forn preescalfat a 180 °C/350 °F/gas marca 4 durant 1 hora fins que estigui ferm i daurat. Deixeu refredar a la llauna, tallant-les en barres mentre encara estigui calent.

Barres de dàtils i nous

Fa 12

100 g/4 oz/½ tassa de mantega o margarina, suavitzada

150 g/5 oz/2/3 tassa de sucre llustre (superfí).

1 ou, lleugerament batut

100 g/4 oz/1 tassa de farina autolevant

225 g / 8 oz / 11/3 tasses de dàtils amb pedra (sense pinyol), picats

100 g/4 oz/1 tassa de nous, picades

15 ml/1 cullerada de llet (opcional)

100 g/4 oz/1 tassa de xocolata normal (semidolça).

Batem la mantega o la margarina i el sucre fins que quedi lleuger i esponjós. Barregeu-hi l'ou, després la farina, els dàtils i les nous, afegint-hi una mica de llet si la mescla queda massa ferma. Col·loqueu-lo en un motlle suís de 30 x 20 cm (12 x 8) untat i coure al forn preescalfat a 180 °C/350 °F/gas marca 4 durant 30 minuts fins que estigui elàstic al tacte. Deixar refredar.

Desfeu la xocolata en un bol resistent a la calor posat sobre una cassola amb aigua a foc lent. Repartiu-ho per sobre de la barreja i deixeu-ho refredar i endurir. Talleu en barres amb un ganivet afilat.

Barres de figues

Fa 16

225 g/8 oz de figues fresques, picades

30 ml/2 cullerades de mel clara

15 ml/1 cullerada de suc de llimona

225 g/8 oz/2 tasses de farina integral (integral).

225 g/8 oz/2 tasses de civada enrotllada

225 g/8 oz/1 tassa de mantega o margarina

75 g/3 oz/1/3 tassa de sucre morena suau

Cuini les figues, la mel i el suc de llimona a foc lent durant 5 minuts. Deixeu refredar una mica. Barregeu la farina i la civada, fregueu-hi la mantega o la margarina i afegiu-hi el sucre. Premeu la meitat de la barreja en un motlle quadrat de 20 cm/8 d'oli untat i, a continuació, poseu-hi la barreja de figues per sobre. Cobrir amb la resta de la barreja del pastís i pressionar amb força. Coure al forn preescalfat a 180 °C/350 °F/gas marca 4 durant 30 minuts fins que estigui daurat. Deixeu refredar a la llauna i després talleu-les a rodanxes mentre encara estigui calent.

Flapjacks

Fa 16

75 g/3 oz/1/3 tassa de mantega o margarina

50 g/2 oz/3 cullerades de xarop daurat (blat de moro clar).

100 g/4 oz/½ tassa de sucre moreno suau

175 g/6 oz/1½ tasses de civada enrotllada

Desfeu la mantega o la margarina amb l'almívar i el sucre i, a continuació, afegiu-hi la civada. Premeu en un motlle quadrat untat de 20 cm/8 i coure al forn preescalfat a 180 °C/350 °F/gas marca 4 durant uns 20 minuts fins que estigui lleugerament daurat. Deixar refredar una mica abans de tallar-les en barres, després deixar refredar completament a la llauna abans de sortir.

Flapjacks de cirera

Fa 16

75 g/3 oz/1/3 tassa de mantega o margarina

50 g/2 oz/3 cullerades de xarop daurat (blat de moro clar).

100 g/4 oz/½ tassa de sucre moreno suau

175 g/6 oz/1½ tasses de civada enrotllada

100 g/4 oz/1 tassa de cireres glaçades (confitades), picades

Desfeu la mantega o la margarina amb l'almívar i el sucre i, a continuació, afegiu-hi la civada i les cireres. Premeu en un motlle quadrat de 20 cm/8 de greix i coure al forn preescalfat a 180 °C/350 °F/marca de gas 4 durant uns 20 minuts fins que estigui lleugerament daurat. Deixar refredar una mica abans de tallar-les en barres, després deixar refredar completament a la llauna abans de sortir.

Flapjacks de xocolata

Fa 16

75 g/3 oz/1/3 tassa de mantega o margarina

50 g/2 oz/3 cullerades de xarop daurat (blat de moro clar).

100 g/4 oz/½ tassa de sucre moreno suau

175 g/6 oz/1½ tasses de civada enrotllada

100 g/4 oz/1 tassa de xips de xocolata

Desfeu la mantega o la margarina amb l'almívar i el sucre, a continuació, afegiu-hi la civada i les xips de xocolata. Premeu en un motlle quadrat de 20 cm/8 d'oli untat i coure al forn preescalfat a 180 °C/350 °F/gas marca 4 durant uns 20 minuts fins que estigui lleugerament daurat. Deixar refredar una mica abans de tallar-les en barres, després deixar refredar completament a la llauna abans de sortir.

Flapjacks de fruites

Fa 16

75 g/3 oz/1/3 tassa de mantega o margarina

100 g/4 oz/½ tassa de sucre moreno suau

50 g/2 oz/3 cullerades de xarop daurat (blat de moro clar).

175 g/6 oz/1½ tasses de civada enrotllada

75 g/3 oz/½ tassa de panses, sultanes o altres fruites seques

Desfeu la mantega o la margarina amb el sucre i el xarop i, a continuació, afegiu-hi la civada i les panses. Premeu en un motlle quadrat de 20 cm/8 de greix i coure al forn preescalfat a 180 °C/350 °F/marca de gas 4 durant uns 20 minuts fins que estigui lleugerament daurat. Deixar refredar una mica abans de tallar-les en barres, després deixar refredar completament a la llauna abans de sortir.

Flapjacks de fruita i fruits secs

Fa 16

75 g/3 oz/1/3 tassa de mantega o margarina

100 g/4 oz/1/3 tassa de mel clara

50 g/2 oz/1/3 tassa de panses

50 g/2 oz/½ tassa de nous, picades

175 g/6 oz/1½ tasses de civada enrotllada

Desfeu la mantega o la margarina amb la mel a foc lent. Incorporeu-hi les panses, les nous i la civada i barregeu-ho bé. Col·loqueu-lo en un motlle quadrat de 23 cm/9 untat i coure al forn preescalfat a 180°C/350°F/gas marca 4 durant 25 minuts. Deixeu refredar a la llauna, tallant-les en barres mentre encara estigui calent.

Flapjacks de gingebre

Fa 16

75 g/3 oz/1/3 tassa de mantega o margarina

100 g/4 oz/½ tassa de sucre moreno suau

50 g/2 oz/3 cullerades de xarop d'un pot de gingebre de tija

175 g/6 oz/1½ tasses de civada enrotllada

4 trossos de gingebre de tija, tallat finament

Desfeu la mantega o la margarina amb el sucre i el xarop i, a continuació, afegiu-hi la civada i el gingebre. Premeu en un motlle quadrat de 20 cm/8 d'oli untat i coure al forn preescalfat a 180 °C/350 °F/gas marca 4 durant uns 20 minuts fins que estigui lleugerament daurat. Deixar refredar una mica abans de tallar-les en barres, després deixar refredar completament a la llauna abans de sortir.

Flapjacks de nou

Fa 16

75 g/3 oz/1/3 tassa de mantega o margarina

50 g/2 oz/3 cullerades de xarop daurat (blat de moro clar).

100 g/4 oz/½ tassa de sucre moreno suau

175 g/6 oz/1½ tasses de civada enrotllada

100 g/4 oz/1 tassa de fruits secs barrejats picats

Desfeu la mantega o la margarina amb l'almívar i el sucre, a continuació, afegiu-hi la civada i els fruits secs. Premeu en un motlle quadrat de 20 cm/8 d'oli untat i coure al forn preescalfat a 180 °C/350 °F/gas marca 4 durant uns 20 minuts fins que estigui lleugerament daurat. Deixar refredar una mica abans de tallar-les en barres, després deixar refredar completament a la llauna abans de sortir.

Pans curts de llimona afilats

Fa 16

100 g/4 oz/1 tassa de farina normal (tot ús).

100 g/4 oz/½ tassa de mantega o margarina, suavitzada

75 g/3 oz/½ tassa de sucre llustre (de pastisseria), tamisat

2,5 ml/½ culleradeta de llevat en pols

Un pessic de sal

30 ml/2 cullerades de suc de llimona

10 ml/2 culleradetes de pell de llimona ratllada

Barregeu la farina, la mantega o la margarina, el sucre llustre i el llevat en pols. Premeu en un motlle quadrat de 23 cm/9 untat i coure al forn preescalfat a 180 °C/350 °F/gas marca 4 durant 20 minuts.

Barregeu els ingredients restants i bateu fins que quedi lleuger i esponjós. Col·loqueu sobre la base calenta, reduïu la temperatura del forn a 160 °C/325 °F/marca de gas 3 i torneu al forn durant 25 minuts més fins que estigui elàstic al tacte. Deixar refredar i després tallar-los a quadrats.

Quadrats de Moka i Coco

Fa 20

1 ou

100 g/4 oz/½ tassa de sucre llustre (superfí).

100 g/4 oz/1 tassa de farina normal (tot ús).

10 ml/2 culleradetes de llevat en pols

Un pessic de sal

75 ml/5 cullerades de llet

75 g/3 oz/1/3 tassa de mantega o margarina, fosa

15 ml/1 cullerada de cacau (xocolata sense sucre) en pols

2,5 ml/½ culleradeta d'essència de vainilla (extracte)

Per a la cobertura:

75 g/3 oz/½ tassa de sucre llustre (de pastisseria), tamisat

50 g/2 oz/¼ tassa de mantega o margarina, fosa

45 ml/3 cullerades de cafè negre fort calent

15 ml/1 cullerada de cacau (xocolata sense sucre) en pols

2,5 ml/½ culleradeta d'essència de vainilla (extracte)

25 g/1 oz/¼ tassa de coco dessecat (rallat).

Bateu els ous i el sucre fins que estiguin lleugers i esponjosos. Incorporeu-hi la farina, el llevat i la sal alternativament amb la llet i la mantega fosa o la margarina. Incorporeu-hi l'essència de cacau i vainilla. Col·loqueu la barreja en un motlle quadrat de 20 cm/8 d'oli untat i enforneu-ho al forn preescalfat a 200 °C/400 °F/gas marca 6 durant 15 minuts fins que estigui ben elevat i elàstic al tacte.

Per fer la cobertura, barregeu el sucre llustre, la mantega o la margarina, el cafè, el cacau i l'essència de vainilla. Repartiu el pastís calent i empolseu-ho amb coco. Deixeu refredar a la llauna, després torneu-ho i talleu-lo a quadrats.

Hola Dolly Cookies

Fa 16

100 g/4 oz/½ tassa de mantega o margarina

100 g/4 oz/1 tassa de galeta digestiva

(galleta Graham) molles

100 g/4 oz/1 tassa de xips de xocolata

100 g/4 oz/1 tassa de coco dessecat (rallat).

100 g/4 oz/1 tassa de nous, picades

400 g/14 oz/1 llauna gran de llet condensada

Desfeu la mantega o la margarina i afegiu-hi les molles de galetes. Premeu la barreja a la base d'un motlle de pastís de 28 x 18 cm/11 x 7 untat i folrat amb paper d'alumini. Espolvorear amb les xips de xocolata, després el coco i, finalment, les nous. Aboqueu la llet condensada per sobre i coure al forn preescalfat a 180 °C/350 °F / marca de gas 4 durant 25 minuts. Talleu-los en barres mentre encara estiguin calents i deixeu-ho refredar completament.

Barres de coco i fruits secs de xocolata

Fa 12

75 g/3 oz/¾ tassa de xocolata amb llet

75 g/3 oz/¾ tassa de xocolata normal (semidolça).

75 g/3 oz/1/3 tassa de mantega de cacauet cruixent

75 g/3 oz/¾ tassa de molles de galetes digestives (galetes Graham).

75 g/3 oz/¾ tassa de nous, triturades

75 g/3 oz/¾ tassa de coco dessecat (rallat).

75 g/3 oz/¾ tassa de xocolata blanca

Desfeu la xocolata amb llet en un bol resistent a la calor posat sobre una cassola amb aigua a foc lent. Repartiu sobre la base d'un motlle quadrat de 23 cm/7 i deixeu-ho reposar.

Desfeu suaument la xocolata i la mantega de cacauet a foc lent i, a continuació, afegiu-hi les molles de galetes, les nous i el coco. Repartiu per sobre de la xocolata fixada i deixeu-ho refredar fins que quedi.

Fon la xocolata blanca en un bol resistent a la calor posat sobre una cassola amb aigua a foc lent. Aboqueu les galetes en un patró, després deixeu-les reposar abans de tallar-les en barres.

Quadrats de nou

Fa 12

75 g/3 oz/¾ tassa de xocolata normal (semidolça).

50 g/2 oz/¼ tassa de mantega o margarina

100 g/4 oz/½ tassa de sucre llustre (superfi).

2 ous

5 ml/1 culleradeta d'essència de vainilla (extracte)

75 g/3 oz/¾ tassa de farina normal (tot ús).

2,5 ml/½ culleradeta de llevat en pols

100 g/4 oz/1 tassa de fruits secs barrejats picats

Desfeu la xocolata en un bol resistent a la calor sobre una cassola amb aigua a foc lent. Incorporeu la mantega fins que es fongui i, a continuació, afegiu-hi el sucre. Retirar del foc i batre els ous i l'essència de vainilla. Incorporeu la farina, el llevat i els fruits secs. Col·loqueu la barreja en un motlle quadrat de 25 cm/10 untat i coure al forn preescalfat a 180 °C/350 °F/marca de gas 4 durant 15 minuts fins que estigui daurat. Talleu a quadrats petits mentre encara estigui calent.

Llesques de pacana de taronja

Fa 16

375 g/13 oz/3¼ tasses de farina normal (tot ús).

275 g/10 oz/1¼ tasses de sucre en pols (superfi).

5 ml/1 culleradeta de llevat en pols

75 g/3 oz/1/3 tassa de mantega o margarina

2 ous, batuts

175 ml/6 fl oz/¾ tassa de llet

200 g/7 oz/1 llauna petita de mandarines, escorregudes i tallades a trossos

100 g/4 oz/1 tassa de fruits secs, picats

Pela ben ratllada de 2 taronges

10 ml/2 culleradetes de canyella mòlta

Barregeu 325 g/12 oz/3 tasses de farina, 225 g/8 oz/1 tassa de sucre i el llevat en pols. Foneu 50 g/2 oz/ ¼ tassa de mantega o margarina i afegiu-hi els ous i la llet. Barregeu suaument el líquid amb els ingredients secs fins que quedi suau. Incorporeu les mandarines, els fruits secs i la pell de taronja. Abocar en un motlle (paella) de 30 x 20 cm/12 x 8 untat i folrat. Frega la farina restant, el sucre, la mantega i la canyella i espolvorear el pastís. Coure al forn preescalfat a 180 °C/350 °F/gas marca 4 durant 40 minuts fins que estigui daurat. Deixeu refredar a la llauna, després talleu-ho en unes 16 rodanxes.

Parkin

Fa 16 quadrats

100 g/4 oz/½ tassa de llard de porc (escurçament)

100 g/4 oz/½ tassa de mantega o margarina

75 g/3 oz/1/3 tassa de sucre morena suau

100 g/4 oz/1/3 tassa de xarop daurat (blat de moro clar).

100 g/4 oz/1/3 tassa de melassa negra (melassa)

10 ml/2 culleradetes de bicarbonat de sodi (bicarbonat de sodi)

150 ml/¼ pt/2/3 tassa de llet

225 g/8 oz/2 tasses de farina integral (integral).

225 g/8 oz/2 tasses de farina de civada

10 ml/2 culleradetes de gingebre mòlt

2,5 ml/½ culleradeta de sal

En una paella, fondre la mantega, la mantega o la margarina, el sucre, el xarop i la melassa. Dissoleu el bicarbonat de sodi a la llet i remeneu a la paella amb la resta d'ingredients. Col·loqueu-ho en un motlle quadrat (paella) de 20 cm untat i folrat i coure al forn preescalfat a 160 °C/325 °F/gas marca 3 durant 1 hora fins que estigui ferm. Pot enfonsar-se al mig. Deixar refredar, després guardar en un recipient hermètic durant uns dies abans de tallar-los a quadrats i servir.

Barres de mantega de cacauet

Fa 16

100 g/4 oz/1 tassa de mantega o margarina

175 g/6 oz/1¼ tasses de farina normal (tot ús).

175 g/6 oz/¾ tassa de sucre moreno suau

75 g/3 oz/1/3 tassa de mantega de cacauet

Un pessic de sal

1 rovell d'ou petit, batut

2,5 ml/½ culleradeta d'essència de vainilla (extracte)

100 g/4 oz/1 tassa de xocolata normal (semidolça).

50 g/2 oz/2 tasses de cereal d'arròs inflat

Frega la mantega o la margarina a la farina fins que la barreja sembli pa ratllat. Incorporeu-hi el sucre, 30 ml/2 cullerades de mantega de cacauet i la sal. Incorporeu-hi el rovell d'ou i l'essència de vainilla i barregeu-ho fins que quedi ben integrat. Premeu en un motlle quadrat de 25 cm/10. Coure al forn preescalfat a 160 °C/325 °F/gas marca 3 durant 30 minuts fins que s'aixequi i estigui al tacte.

Desfeu la xocolata en un bol resistent a la calor sobre una cassola amb aigua a foc lent. Retirar del foc i remenar la mantega de cacauet restant. Incorporeu-hi el cereal i barregeu-ho bé fins que estigui cobert amb la barreja de xocolata. Col·loqueu sobre el pastís i niveleu la superfície. Deixar refredar, després refredar i tallar en barres.

Llesques de pícnic

Fa 12

225 g/8 oz/2 tasses de xocolata normal (semidolça).

50 g/2 oz/¼ tassa de mantega o margarina, suavitzada

100 g/4 oz/½ tassa de sucre llustre

1 ou, lleugerament batut

100 g/4 oz/1 tassa de coco dessecat (rallat).

50 g/2 oz/1/3 tassa de sultanes (panses daurades)

50 g/2 oz/¼ tassa de cireres glaçades (confitades), picades

Desfeu la xocolata en un bol resistent a la calor posat sobre una cassola amb aigua a foc lent. Aboqueu a la base d'un motlle suís de 30 x 20 cm/12 x 8 untat i folrat. Batem la mantega o la margarina i el sucre fins que quedi lleuger i esponjós. Afegiu l'ou a poc a poc i, a continuació, barregeu-hi el coco, les sultanes i les cireres. Repartiu la xocolata i coure al forn preescalfat a 150 °C/300 °F/gas marca 3 durant 30 minuts fins que estigui daurat. Deixar refredar i després tallar-los en barres.

Barres de pinya i coco

Fa 20

1 ou

100 g/4 oz/½ tassa de sucre llustre (superfi).

75 g/3 oz/¾ tassa de farina normal (tot ús).

5 ml/1 cullaradeta de llevat en pols

Un pessic de sal

75 ml/5 cullerades d'aigua

Per a la cobertura:

200 g/7 oz/1 llauna de pinya petita, escorreguda i picada

25 g/1 oz/2 cullerades de mantega o margarina

50 g/2 oz/¼ tassa de sucre (superfi).

1 rovell d'ou

25 g/1 oz/¼ tassa de coco dessecat (rallat).

5 ml/1 cullaradeta d'essència de vainilla (extracte)

Bateu l'ou i el sucre fins que estigui clar i pàl·lid. Incorporeu la farina, el llevat i la sal alternativament amb l'aigua. Col·loqueu en un motlle quadrat de 18 cm enfarinat i enfarinat i poseu-ho al forn preescalfat a 200 °C/400 °F/gas marca 6 durant 20 minuts fins que estigui ben elevat i elàstic al tacte. Col·loqueu la pinya sobre el pastís calent. Escalfeu els ingredients restants de la cobertura en una paella petita a foc lent, remenant contínuament fins que quedi ben barrejat sense deixar que la barreja bulli. Aboqueu la pinya amb una cullera i torneu el pastís al forn durant 5 minuts més fins que la cobertura es torni daurada. Deixeu-ho refredar a la llauna durant 10 minuts, després poseu-ho a una reixeta per acabar de refredar abans de tallar-les en barres.

Pastís de llevat de prunes

Fa 16

15 g/½ oz de llevat fresc o 20 ml/4 culleradetes de llevat sec

50 g/2 oz/¼ tassa de sucre (superfí).

150 ml/¼ pt/2/3 tassa de llet tèbia

50 g/2 oz/¼ tassa de mantega o margarina, fosa

1 ou

1 rovell d'ou

250 g/9 oz/2¼ tasses de farina normal (tot ús).

5 ml/1 culleradeta de pell de llimona ben ratllada

675 g/1½ lb de prunes, tallades a quarts i amb pinyol (sense pinyol)

Sucre llustre (de pastisseria), tamisat, per empolsar

De canyella mòlta

Barregeu el llevat amb 5 ml/1 culleradeta de sucre i una mica de llet tèbia i deixeu-ho en un lloc càlid durant 20 minuts fins que estigui espumosa. Batre el sucre i la llet restants amb la mantega fosa o la margarina, l'ou i el rovell d'ou. Barregeu la farina i la pell de llimona en un bol i feu un pou al centre. A poc a poc, anem incorporant la barreja de llevat i la barreja d'ou fins a formar una massa suau. Bateu fins que la massa estigui ben llisa i comencen a formar bombolles a la superfície. Premeu suaument en un motlle quadrat de 25 cm/10 untat i enfarinat. Col·loqueu les prunes juntes sobre la part superior de la massa. Cobrir amb paper film oliat (embolcall de plàstic) i deixar en un lloc càlid durant 1 hora fins que dobli el seu volum. Col·loqueu al forn preescalfat a 200 °C/400 °F/gas marca 6, després reduïu immediatament la temperatura del forn a 190 °C/375 °F/gas marca 5 i coure durant 45 minuts. Torneu a reduir la temperatura del forn a 180 °C/350 °F/marca de gas 4 i coure durant 15 minuts més fins que estigui daurat. Empolseu el pastís amb sucre llustre i canyella mentre encara estigui calent, després deixeu-lo refredar i talleu-lo a quadrats.

Barres de carbassa americans

Fa 20

2 ous

175 g/6 oz/¾ tassa de sucre llustre (superfí).

120 ml/4 fl oz/½ tassa d'oli

225 g/8 oz de carbassa cuita i tallada a daus

100 g/4 oz/1 tassa de farina normal (tot ús).

5 ml/1 culleradeta de llevat en pols

5 ml/1 culleradeta de canyella mòlta

2,5 ml/½ culleradeta de bicarbonat de sodi (bicarbonat de sodi)

50 g/2 oz/1/3 tassa de sultanes (panses daurades)

Glaçat de formatge crema

Bateu els ous fins que estiguin lleugers i esponjosos, després bateu-hi el sucre i l'oli i remeneu-hi la carbassa. Bateu la farina, el llevat en pols, la canyella i el bicarbonat de sodi fins que quedi ben barrejat. Incorporeu-hi les sultanes. Col·loqueu la barreja en un motlle suís de 30 x 20 cm (12 x 8 cm) untat i enfarinat i coure al forn preescalfat a 180 °C/350 °F/gas marca 4 durant 30 minuts fins que s'introdueixi una broqueta. al centre surt net. Deixeu refredar, després unteu-lo amb una cobertura de formatge cremós i talleu-los en barres.

Barres de codony i ametlla

Fa 16

450 g/1 lb de codonys

50 g/2 oz/¼ tassa de llard de porc (escurçament)

50 g/2 oz/¼ tassa de mantega o margarina

100 g/4 oz/1 tassa de farina normal (tot ús).

30 ml/2 cullerades de sucre llustre (superfi).

Uns 30 ml/2 cullerades d'aigua

Per al farcit:
75 g/3 oz/1/3 tassa de mantega o margarina, suavitzada

100 g/4 oz/½ tassa de sucre llustre (superfi).

2 ous

Unes gotes d'essència d'ametlla (extracte)

100 g/4 oz/1 tassa d'ametlla mòlta

25 g/1 oz/¼ tassa de farina normal (tot ús).

50 g/2 oz/½ tassa d'ametlles en escates (esqueixades).

Peleu, peleu el cor i talleu els codonys a rodanxes fines. Col·loqueu-ho en una paella i només ho cobriu amb aigua. Portar a ebullició i coure a foc lent durant uns 15 minuts fins que estigui tova. Escorreu l'excés d'aigua.

Frega la mantega i la mantega o la margarina a la farina fins que la barreja sembli pa ratllat. Incorporeu-hi el sucre. Afegiu-hi prou aigua per barrejar-la amb una massa suau, després esteneu-la sobre una superfície lleugerament enfarinada i folreu la base i els costats d'un motlle suís de 30 x 20 cm (12 x 8 po). Punxeu-ho tot amb una forquilla. Amb una cullera ranurada, disposeu els codonys sobre la pasta.

Batem la mantega o la margarina i el sucre i, a poc a poc, batem els ous i l'essència d'ametlla. Incorporeu-hi l'ametlla mòlta i la farina i poseu-hi una cullera sobre els codonys. Espolvoreu les ametlles tallades per sobre i coure al forn preescalfat a 180 °C/350 °F/gas marca 4 durant 45 minuts fins que estigui ferm i daurat. Talleu a quadrats quan estigui fred.

Barres de panses

Fa 12

175 g/6 oz/1 tassa de panses

250 ml/8 fl oz/1 tassa d'aigua

75 ml/5 cullerades d'oli

225 g/8 oz/1 tassa de sucre llustre (superfi).

1 ou, lleugerament batut

200 g/7 oz/1¾ tasses de farina normal (tot ús).

1,5 ml/¼ culleradeta de sal

5 ml/1 culleradeta de bicarbonat de sodi (bicarbonat de sodi)

5 ml/1 culleradeta de canyella mòlta

2,5 ml/½ culleradeta de nou moscada ratllada

2,5 ml/½ culleradeta de pebre vermell mòlt

Un polsim de clau mòlta

50 g/2 oz/½ tassa de xips de xocolata

50 g/2 oz/½ tassa de nous, picades

30 ml/2 cullerades de sucre llustre, tamisat

Porta les panses i aigua a bullir, després afegim l'oli, retirem del foc i deixem refredar una mica. Incorporeu-hi el sucre llustre i l'ou. Barregeu la farina, la sal, el bicarbonat de sodi i les espècies. Barregeu amb la barreja de panses i, a continuació, afegiu-hi les xips de xocolata i les nous. Col·loqueu-lo en un motlle quadrat de 30 cm/12 untat i coure al forn preescalfat a 190°C/375°F/gas marca 5 durant 25 minuts fins que el pastís comenci a encongir-se dels costats del motlle. Deixar refredar abans d'empolsar amb sucre llustre i tallar en barres.

Quadrats de civada de gerds

Fa 12

175 g/6 oz/¾ tassa de mantega o margarina

225 g/8 oz/2 tasses de farina autolevant

5 ml/1 culleradeta de sal

175 g/6 oz/1½ tasses de civada enrotllada

175 g/6 oz/¾ tassa de sucre llustre (superfi).

300 g/11 oz/1 llauna mitjana de gerds, escorreguts

Fregueu la mantega o la margarina amb la farina i la sal i, a continuació, afegiu-hi la civada i el sucre. Premeu la meitat de la barreja en un motlle quadrat de 25 cm/10 untat. Escampar els gerds per sobre i cobrir amb la resta de la barreja, pressionant bé. Coure al forn preescalfat a 200 °C/400 °F/gas marca 6 durant 20 minuts. Deixar refredar una mica a la llauna abans de tallar-los a quadrats.

Merengues de canyella de pa de pasta

Fa 24

75 g/3 oz/½ tassa de sucre llustre (de pastisseria), tamisat

100 g/4 oz/1 tassa de farina normal (tot ús).

100 g/4 oz/½ tassa de mantega o margarina, suavitzada

1 ou

225 g/8 oz/2/3 tassa de melmelada (conserva de fruita)

2 clares d'ou

100 g/4 oz/½ tassa de sucre llustre (superfi).

2,5 ml/½ culleradeta de canyella mòlta

Barregeu el sucre llustre, la farina, la mantega o la margarina i l'ou. Premeu la barreja al fons d'un motlle quadrat de 25 cm/12 untat i coure al forn preescalfat a 180 °C/350 °F/marca de gas 4 durant 10 minuts. Retirar del forn i repartir la melmelada per sobre. Bateu les clares fins que agafin pics suaus, després bateu-hi el sucre llustre i la canyella fins que la barreja estigui ferma i brillant. Repartiu la melmelada i torneu-ho al forn durant 25 minuts fins que estigui daurat. Deixar refredar i després tallar-los a quadrats.

Glaçat Glacé

Fa prou per cobrir un pastís de 20 cm

100 g/4 oz/2/3 tassa de sucre llustre (de pastisseria), tamisat

25–30 ml/1½–2 cullerades d'aigua

Unes gotes de colorant alimentari (opcional)

Poseu el sucre en un bol i barregeu l'aigua una mica a la vegada fins que la cobertura quedi llisa. Acoloreix amb unes gotes de colorant alimentari, si vols. La cobertura es tornarà opaca si s'estén sobre pastissos freds o transparent si s'estén sobre pastissos calents.

Glaçat de cafè glacé

Fa prou per cobrir un pastís de 20 cm

100 g/4 oz/2/3 tassa de sucre llustre (de pastisseria), tamisat

25–30 ml/1½–2 cullerades de cafè negre molt fort

Poseu el sucre en un bol i barregeu-hi el cafè poc a poc fins que la cobertura quedi llisa.

Glaçat de llimona

Fa prou per cobrir un pastís de 20 cm

100 g/4 oz/2/3 tassa de sucre llustre (de pastisseria), tamisat

25–30 ml/1½–2 cullerades de suc de llimona

Pela fina d'1 llimona ratllada

Poseu el sucre en un bol i barregeu-hi el suc de llimona i ratlleu-ho una mica a la vegada fins que la cobertura quedi llisa.

Glaçat de taronja

Fa prou per cobrir un pastís de 20 cm

100 g/4 oz/2/3 tassa de sucre llustre (de pastisseria), tamisat

25–30 ml/1½–2 cullerades de suc de taronja

Pela ben ratllada d'1 taronja

Poseu el sucre en un bol i barregeu-hi el suc de taronja i tritureu-ho una mica a la vegada fins que la cobertura quedi llisa.

Glaçat de rom Glacé

Fa prou per cobrir un pastís de 20 cm

100 g/4 oz/2/3 tassa de sucre llustre (de pastisseria), tamisat

25–30 ml/1½–2 cullerades de rom

Poseu el sucre en un bol i barregeu-hi el rom poc a poc fins que la cobertura quedi llisa.

Glaçat de vainilla

Fa prou per cobrir un pastís de 20 cm

100 g/4 oz/2/3 tassa de sucre llustre (de pastisseria), tamisat

25 ml/1½ culleradeta d'aigua

Unes gotes d'essència de vainilla (extracte)

Poseu el sucre en un bol i barregeu-hi l'aigua i l'essència de vainilla una mica a la vegada fins que la cobertura quedi llisa.

Glaçat de xocolata bullida

Fa prou per cobrir un pastís de 23 cm

275 g/10 oz/1¼ tasses de sucre en pols (superfi).

100 g/4 oz/1 tassa de xocolata normal (semidolça).

50 g/2 oz/¼ tassa de cacau (xocolata sense sucre) en pols

120 ml/4 fl oz/½ tassa d'aigua

Porta a ebullició tots els ingredients, remenant fins que estiguin ben barrejats. Bullir a foc mitjà a 108 °C/220 °F o quan es formi un fil llarg quan s'estira entre dues culleradetes. Aboqueu-ho en un bol ample i bateu-ho fins que quedi gruixut i brillant.

Topping de xocolata i coco

Fa prou per cobrir un pastís de 23 cm

175 g/6 oz/1½ tasses de xocolata normal (semidolça).

90 ml/6 cullerades d'aigua bullint

225 g/8 oz/2 tasses de coco dessecat (rallat).

Tritureu la xocolata i l'aigua en una batedora o processador d'aliments, després afegiu-hi el coco i processeu-ho fins que estigui suau. Espolvoreu-hi pastissos senzills mentre encara estiguin calents.

Topping de caramel

Fa prou per cobrir un pastís de 23 cm

50 g/2 oz/¼ tassa de mantega o margarina

45 ml/3 cullerades de cacau (xocolata sense sucre) en pols

60 ml/4 cullerades de llet

425 g/15 oz/2 ½ tasses de sucre llustre (de pastisseria), tamisat

5 ml/1 culleradeta d'essència de vainilla (extracte)

Desfeu la mantega o la margarina en una paella petita i, a continuació, afegiu-hi el cacau i la llet. Portar a ebullició, remenant contínuament, després retirar del foc. Incorporeu a poc a poc el sucre i l'essència de vainilla i bateu fins que quedi homogeni.

Cobertura de formatge crema dolça

Fa prou per cobrir un pastís de 30 cm

100 g/4 oz/½ tassa de formatge crema

25 g/1 oz/2 cullerades de mantega o margarina, suavitzada

350 g/12 oz/2 tasses de sucre llustre (de pastisseria), tamisat

5 ml/1 culleradeta d'essència de vainilla (extracte)

30 ml/2 cullerades de mel clara (opcional)

Bateu el formatge cremós i la mantega o la margarina fins que quedi suau i esponjosa. Incorporar a poc a poc el sucre i l'essència de vainilla fins que quedi homogeni. Endolcir amb una mica de mel, si es vol.

Glaçat de vellut americà

Fa prou per cobrir dos pastissos de 23 cm

175 g/6 oz/1½ tasses de xocolata normal (semidolça).

120 ml / 4 fl oz / ½ tassa de crema agra (lactia).

5 ml/1 culleradeta d'essència de vainilla (extracte)

Un pessic de sal

400 g/14 oz/21/3 tasses de sucre glaç (de pastisseria), tamisat

Desfeu la xocolata en un bol resistent a la calor sobre una cassola amb aigua a foc lent. Retirar del foc i remenar la nata, l'essència de vainilla i la sal. Batre el sucre a poc a poc fins que quedi suau.

Glaçat de mantega

Fa prou per cobrir un pastís de 23 cm

50 g/2 oz/¼ tassa de mantega o margarina, suavitzada

250 g/9 oz/1½ tasses de sucre glaç (de pastisseria), tamisat

5 ml/1 culleradeta d'essència de vainilla (extracte)

30 ml/2 cullerades de nata (lleugera).

Batem la mantega o la margarina fins que estiguin suaus i, a continuació, incorporarem el sucre, l'essència de vainilla i la nata fins que quedi una crema homogènia.

Glaçat de caramel

Fa prou per omplir i cobrir un pastís de 23 cm

100 g/4 oz/½ tassa de mantega o margarina

225 g/8 oz/1 tassa de sucre moreno suau

60 ml/4 cullerades de llet

350 g/12 oz/2 tasses de sucre llustre (de pastisseria), tamisat

Fondre la mantega o la margarina i el sucre a foc lent, remenant contínuament fins que quedi barrejat. Incorporeu-hi la llet i deixeu-ho bullir. Retirar del foc i deixar refredar. Bateu el sucre llustre fins que tingueu una consistència per untar.

Glaçat de llimona

Fa prou per cobrir un pastís de 23 cm

25 g/1 oz/2 cullerades de mantega o margarina

5 ml/1 culleradeta de pell de llimona ratllada

30 ml/2 cullerades de suc de llimona

250 g/9 oz/1½ tasses de sucre glaç (de pastisseria), tamisat

Batem la mantega o la margarina i la pell de llimona fins que quedi lleugera i esponjosa. Batre a poc a poc el suc de llimona i el sucre fins que quedi suau.

Glaçat de crema de mantega de cafè

Fa prou per omplir i cobrir un pastís de 23 cm

1 clara d'ou

75 g/3 oz/1/3 tassa de mantega o margarina, suavitzada

30 ml/2 cullerades de llet calenta

5 ml/1 culleradeta d'essència de vainilla (extracte)

15 ml/1 cullerada de grànuls de cafè instantani

Un pessic de sal

350 g / 12 oz / 2 tasses de sucre llustre (de pastisseria), tamisat

Barregeu la clara d'ou, la mantega o la margarina, la llet calenta, l'essència de vainilla, el cafè i la sal. Afegiu-hi el sucre llustre a poc a poc fins que quedi suau.

Lady Baltimore Frosting

Fa prou per omplir i cobrir un pastís de 23 cm

50 g/2 oz/1/3 tassa de panses, picades

50 g/2 oz/¼ tassa de cireres glaçades (confitades), picades

50 g/2 oz/½ tassa de fruits secs, picats

25 g/1 oz/3 cullerades de figues seques, picades

2 clares d'ou

350 g/12 oz/1½ tasses de sucre llustre (superfí).

Un polsim de crema tàrtara

75 ml/5 cullerades d'aigua freda

Un pessic de sal

5 ml/1 culleradeta d'essència de vainilla (extracte)

Barregeu les panses, les cireres, els fruits secs i les figues. Bateu les clares d'ou, el sucre, la crema de tàrtar, l'aigua i la sal en un bol resistent a la calor posat sobre una cassola amb aigua a foc lent durant uns 5 minuts fins que es formin pics rígids. Retirar del foc i batre l'essència de vainilla. Barregeu les fruites en un terç del gelat i feu servir per omplir el pastís, després repartiu la resta per la part superior i els costats del pastís.

Glaçat Blanc

Fa prou per cobrir un pastís de 23 cm

225 g/8 oz/1 tassa de sucre granulat

1 clara d'ou

30 ml/2 cullerades d'aigua

15 ml/1 cullerada de xarop daurat (blat de moro clar).

Bateu el sucre, la clara d'ou i l'aigua en un bol resistent a la calor posat sobre una cassola amb aigua a foc lent. Continueu batent fins a 10 minuts fins que la barreja espesseixi i formi pics rígids. Retirar del foc i afegir l'almívar. Continueu batent fins que tingui una consistència estesa.

Glaçat blanc cremós

Fa prou per omplir i cobrir un pastís de 23 cm

75 ml/5 cullerades de nata simple (lleugera).

5 ml/1 culleradeta d'essència de vainilla (extracte)

75 g/3 oz/1/3 tassa de formatge crema

10 ml/2 culleradeta de mantega o margarina, suavitzada

Un pessic de sal

350 g/12 oz/2 tasses de sucre llustre (de pastisseria), tamisat

Barregeu la nata, l'essència de vainilla, el formatge cremós, la mantega o la margarina i la sal fins que quedi suau. Anem incorporant el sucre llustre a poc a poc fins que quedi homogeni.

Glaçat blanc esponjós

Fa prou per omplir i cobrir un pastís de 23 cm

2 clares d'ou

350 g/12 oz/1½ tasses de sucre llustre (superfi).

Un polsim de crema tàrtara

75 ml/5 cullerades d'aigua freda

Un pessic de sal

5 ml/1 culleradeta d'essència de vainilla (extracte)

Batem les clares d'ou, el sucre, la crema de tàrtar, l'aigua i la sal en un bol resistent a la calor posat sobre una cassola amb aigua a foc lent durant uns 5 minuts fins que es formin pics rígids. Retirar del foc i batre l'essència de vainilla. Feu servir per entrepans el pastís i, a continuació, repartiu la resta per la part superior i els costats del pastís.

Glaçat de sucre moreno

Fa prou per cobrir un pastís de 23 cm

225 g/8 oz/1 tassa de sucre moreno suau

1 clara d'ou

30 ml/2 cullerades d'aigua

5 ml/1 culleradeta d'essència de vainilla (extracte)

Bateu el sucre, la clara d'ou i l'aigua en un bol resistent a la calor posat sobre una cassola amb aigua a foc lent. Continueu batent fins a 10 minuts fins que la barreja espesseixi i formi pics rígids. Retirar del foc i afegir l'essència de vainilla. Continueu batent fins que tingui una consistència estesa.

Glaçat de crema de mantega de vainilla

Fa prou per omplir i cobrir un pastís de 23 cm

1 clara d'ou

75 g/3 oz/1/3 tassa de mantega o margarina, suavitzada

30 ml/2 cullerades de llet calenta

5 ml/1 culleradeta d'essència de vainilla (extracte)

Un pessic de sal

350 g / 12 oz / 2 tasses de sucre llustre (de pastisseria), tamisat

Barregeu la clara d'ou, la mantega o la margarina, la llet calenta, l'essència de vainilla i la sal. Afegiu-hi el sucre llustre a poc a poc fins que quedi suau.

Crema de vainilla

Fa 600 ml/1 pt/2½ tasses

100 g/4 oz/½ tassa de sucre llustre (superfi).

50 g/2 oz/¼ tassa de farina de blat de moro (maicena de blat de moro)

4 rovells d'ou

600 ml/1 pt/2½ tasses de llet

1 beina de vainilla (mongeta)

Sucre llustre (de pastisseria), tamisat, per ruixar

Batre la meitat del sucre amb la farina de blat de moro i els rovells d'ou fins que quedi ben barrejat. Porta a ebullició la resta de sucre i la llet amb la beina de vainilla. Batre la barreja de sucre a la llet calenta, després tornar a bullir, remenant contínuament, i coure durant 3 minuts fins que espesseixi. Abocar en un bol, espolvorear amb sucre llustre per evitar que es formi pell i deixar refredar. Batre de nou abans d'utilitzar.

Farcit de natilla

Fa prou per omplir un pastís de 23 cm

325 ml/11 fl oz/1 1/3 tasses de llet

45 ml/3 cullerades de farina de blat de moro (maizena)

60 g/2½ oz/1/3 tassa de sucre llustre (superfí).

1 ou

15 ml/1 cullerada de mantega o margarina

5 ml/1 culleradeta d'essència de vainilla (extracte)

Barregeu 30 ml/2 cullerades de llet amb la farina de blat de moro, el sucre i l'ou. Porta la llet restant a punt d'ebullició en una paella petita. Remeneu a poc a poc la llet calenta a la barreja d'ou. Esbandiu la paella, després torneu la barreja a la paella i remeneu-ho a foc lent fins que espesseixi. Incorporeu-hi la mantega o la margarina i l'essència de vainilla. Cobrir amb paper encerat (encerat) i deixar refredar.

Farcit de natilla danesa

Fa 750 ml/1¼ pts/3 tasses

2 ous

50 g/2 oz/¼ tassa de sucre (superfi).

50 g/2 oz/½ tassa de farina normal (tot ús).

600 ml/1 pt/2½ tasses de llet

¼ beina de vainilla (mongeta)

Bateu els ous i el sucre fins que quedi espesseït. A poc a poc treballarem la farina. Porta a ebullició la llet i la beina de vainilla. Traieu la beina de vainilla i remeneu la llet a la barreja d'ou. Torneu a la cassola i cuini a foc lent durant 2-3 minuts, remenant contínuament. Deixar refredar abans d'utilitzar.

Farcit de flam danès ric

Fa 750 ml/1¼ pts/3 tasses

4 rovells d'ou

30 ml/2 cullerades de sucre granulat

25 ml/1½ culleradeta de farina normal (tot ús).

10 ml/2 culleradetes de farina de patata

450 ml/¾ pt/2 tasses de nata (lleugera).

Unes gotes d'essència de vainilla (extracte)

150 ml/¼ pt/2/3 tassa de nata doble (pesada), muntada

Barregeu els rovells d'ou, el sucre, la farina i la nata en una paella. Batre a foc mitjà fins que la barreja comenci a espessir. Afegir l'essència de vainilla i deixar refredar. Incorporeu la nata muntada.

Crème Patissière

Fa 300 ml/½ pt/1¼ tasses

2 ous, separats

45 ml/3 cullerades de farina de blat de moro (maizena)

300 ml/½ pt/1¼ tassa de llet

Unes gotes d'essència de vainilla (extracte)

50 g/2 oz/¼ tassa de sucre (superfi).

Barregeu els rovells d'ou, la farina de blat de moro i la llet en una paella petita fins que quedi ben barrejat. Porteu-ho a ebullició a foc mitjà, després deixeu-ho coure a foc lent durant 2 minuts, remenant tot el temps. Incorporeu-hi l'essència de vainilla i deixeu-ho refredar.

Bateu les clares a punt de neu, després afegiu-hi la meitat del sucre i torneu a batre fins que quedin puntes rígides. Incorporeu-hi la resta del sucre. Batre a la barreja de nata i refredar fins que estigui llest per utilitzar.

Farcit de crema de gingebre

Fa prou per omplir un pastís de 23 cm

100 g/4 oz/½ tassa de mantega o margarina, suavitzada

450 g / 1 lb / 22/3 tasses de sucre glacé (de pastisseria), tamisat

5 ml/1 culleradeta de gingebre mòlt

30 ml/2 cullerades de llet

75 g/3 oz/¼ tassa de melassa negra (melassa)

Bateu la mantega o la margarina amb el sucre i el gingebre fins que estigui lleuger i cremós. Afegiu-hi la llet i la melassa a poc a poc fins que quedi suau i untable. Si el farcit és massa prim, bateu-hi una mica més de sucre.

Farcit de llimona

Fa 250 ml/8 fl oz/1 tassa

100 g/4 oz/½ tassa de sucre llustre (superfi).

30 ml/2 cullerades de farina de blat de moro (maizena)

60 ml/4 cullerades de suc de llimona

15 ml/1 cullerada de pell de llimona ratllada

120 ml/4 fl oz/½ tassa d'aigua

Un pessic de sal

15 ml/1 cullerada de mantega o margarina

Barregeu tots els ingredients excepte la mantega o la margarina en una paella petita a foc lent, remenant suaument fins que la barreja estigui ben barrejada. Portar a ebullició i bullir durant 1 minut. Incorporeu-hi la mantega o la margarina i deixeu-ho refredar. Refredar abans d'utilitzar.

Glaçat de xocolata

Fa prou per esmaltar un pastís de 25 cm

50 g/2 oz/½ tassa de xocolata normal (semidolça), picada

50 g/2 oz/¼ tassa de mantega o margarina

2,5 ml/½ culleradeta d'essència de vainilla (extracte)

75 ml/5 cullerades d'aigua bullint

350 g/12 oz/2 tasses de sucre llustre (de pastisseria), tamisat

Barregeu tots els ingredients en una batedora o processador d'aliments fins que quedi suau, empenyent els ingredients cap avall segons sigui necessari. Feu servir alhora.

Glaçat de pastís de fruites

Fa prou per esmaltar un pastís de 25 cm

75 ml/5 cullerades de xarop daurat (blat de moro clar).

60 ml/4 cullerades de suc de pinya o taronja

Combineu l'almívar i el suc en una paella petita i deixeu-ho bullir. Retirar del foc i pinzellar la barreja per sobre i els costats d'un pastís refredat. Deixeu establir. Torneu a bullir l'esmalt i apliqueu una segona capa sobre el pastís.

Glaçat de pastís de fruites de taronja

Fa prou per esmaltar un pastís de 25 cm

50 g/2 oz/¼ tassa de sucre (superfi).

30 ml/2 cullerades de suc de taronja

10 ml/2 culleradetes de pell de taronja ratllada

Combineu els ingredients en una paella petita i deixeu-ho bullir, remenant constantment. Retirar del foc i pinzellar la barreja per sobre i els costats d'un pastís refredat. Deixeu establir. Torneu a bullir l'esmalt i apliqueu una segona capa sobre el pastís.

Quadrats de merenga d'ametlla

Fa 12

225 g/8 oz de pasta brisa

60 ml/4 cullerades de melmelada de gerds (conservar)

2 clares d'ou

50 g/2 oz/½ tassa d'ametlla mòlta

100 g/4 oz/½ tassa de sucre llustre (superfi).

Unes gotes d'essència d'ametlla (extracte)

25 g/1 oz/¼ tassa d'ametlles en escates (esqueixades).

Estireu la pasta (pasta) i folreu un motlle suís de 30 x 20 cm/12 x 8 untat (motlla de gelatina). Untar amb la melmelada. Munteu les clares fins que estiguin rígides i, a continuació, incorporeu-hi suaument l'ametlla mòlta, el sucre i l'essència d'ametlla. Repartiu per sobre de la melmelada i empolseu amb les ametlles en escates. Coure al forn preescalfat a 180 °C/350 °F/gas marca 4 durant 45 minuts fins que estigui daurat i cruixent. Deixar refredar i després tallar-los a quadrats.

Angel Drops

Fa 24

50 g/2 oz/¼ tassa de mantega o margarina, suavitzada

50 g/2 oz/¼ tassa de llard de porc (escurçament)

100 g/4 oz/½ tassa de sucre llustre (superfi).

1 ou petit, batut

Unes gotes d'essència de vainilla (extracte)

175 g/6 oz/1½ tasses de farina autolevant

45 ml/3 cullerades de civada enrotllada

50 g/2 oz/¼ tassa de cireres glaçades (confitades), a la meitat

Batem la mantega o la margarina, el llard de porc i el sucre fins que quedi lleuger i esponjós. Batre l'ou i l'essència de vainilla, després incorporar la farina i barrejar fins a obtenir una massa ferma. Trenqueu-les en boles petites i enrotlleu-les per la civada. Col·loqueu-los ben separats sobre una safata de forn (galetes) untada i remeneu cadascuna amb una cirera. Coure al forn preescalfat a 180 °C/350 °F/gas marca 4 durant 20 minuts fins que estigui ferm. Deixar refredar a la safata.

Llesques d'ametlla

Fa 12

100 g/4 oz/½ tassa de mantega o margarina

225 g/8 oz/2 tasses de farina normal (tot ús).

5 ml/1 culleradeta de llevat en pols

50 g/2 oz/¼ tassa de sucre (superfí).

1 ou, separat

75 ml/5 cullerades de melmelada de gerds (conservar)

100 g/4 oz/2/3 tassa de sucre llustre (de pastisseria), tamisat

100 g/4 oz/1 tassa d'ametlles en escates (esqueixades).

Frega la mantega o la margarina amb la farina i el llevat en pols fins que la barreja sembli pa ratllat. Afegiu-hi el sucre, després barregeu el rovell d'ou i pasteu-ho fins a obtenir una massa ferma. Estireu sobre una superfície lleugerament enfarinada per adaptar-se a una llauna suïssa de 30 x 20 cm/12 x 8 untada. Premeu suaument a la paella i aixequeu lleugerament les vores de la massa per fer un llavi. Untar amb la melmelada. Batre la clara d'ou fins que quedi rígida i, a continuació, batre a poc a poc el sucre llustre. Repartiu per sobre de la melmelada i empolseu amb les ametlles. Coure al forn preescalfat a 160 ° C / 325 ° F / marca de gas 3 durant 1 hora fins que estigui daurat i ferm. Deixeu refredar a la llauna durant 5 minuts, després talleu-los a dits i poseu-ho a una reixeta per acabar de refredar.

Tartaletes Bakewell

Fa 24

Per a la pastisseria:

25 g/1 oz/2 cullerades de llard de porc (escurçament)

25 g/1 oz/2 cullerades de mantega o margarina

100 g/4 oz/1 tassa de farina normal (tot ús).

Un pessic de sal

30 ml/2 cullerades d'aigua

45 ml/3 cullerades de melmelada de gerds (conservar)

Per al farcit:

50 g/2 oz/¼ tassa de mantega o margarina, suavitzada

50 g/2 oz/¼ tassa de sucre (superfi).

1 ou, lleugerament batut

25 g/1 oz/¼ tassa de farina autolevant

25 g/1 oz/¼ tassa d'ametlles mòltes

Unes gotes d'essència d'ametlla (extracte)

Per fer la pastisseria (pasta), fregueu la llard i la mantega o la margarina amb la farina i la sal fins que la barreja sembli pa ratllat. Barregeu-hi prou aigua per fer una pasta suau. Estireu-les finement sobre una superfície lleugerament enfarinada, talleu-les en cercles de 7,5 cm i utilitzeu-les per folrar les seccions de dues llaunes de pastes untades. Ompliu de melmelada.

Per fer el farcit, batem la mantega o la margarina i el sucre i, a continuació, barregem l'ou a poc a poc. Incorporeu-hi la farina, l'ametlla mòlta i l'essència d'ametlla. Aboqueu la barreja a les pastissos, tancant les vores a la pasta perquè la melmelada quedi completament coberta. Coure al forn preescalfat a 180 °C/350 °F/gas marca 4 durant 20 minuts fins que estigui daurat.

Pastissos de papallona de xocolata

Fa uns 12 pastissos

Per als pastissos:

100 g/4 oz/½ tassa de mantega o margarina, suavitzada

100 g/4 oz/½ tassa de sucre llustre (superfi).

2 ous, lleugerament batuts

100 g/4 oz/1 tassa de farina autolevant

30 ml/2 cullerades de cacau (xocolata sense sucre) en pols

Un pessic de sal

30 ml/2 cullerades de llet freda

Per a la cobertura (glaçada):

50 g/2 oz/¼ tassa de mantega o margarina, suavitzada

100 g/4 oz/2/3 tassa de sucre llustre (de pastisseria), tamisat

10 ml/2 culleradetes de llet calenta

Per fer els pastissos, batem la mantega o la margarina i el sucre fins que estiguin pàl·lids i esponjosos. A poc a poc anem incorporant els ous alternativament amb la farina, el cacau i la sal, i després afegim la llet perquè quedi una mescla suau. Col·loqueu-los en pastissos de paper (papers de cupcakes) o en motlles de pastissos greixats (papers) i coure-les en un forn preescalfat a 190 °/375 °F/marca de gas 5 durant 15-20 minuts fins que estiguin ben elevades i elàstiques al tacte. Deixar refredar. Talleu la part superior dels pastissos horitzontalment, després talleu-les per la meitat verticalment per fer les "ales" de papallona.

Per fer la cobertura, batem la mantega o la margarina fins que estiguin toves i després batem per la meitat del sucre llustre. Batre la llet, després el sucre restant. Dividiu la barreja de cobertura entre els pastissos i, a continuació, premeu les "ales" a la part superior dels pastissos en angle.

Pastissos de coco

Fa 12

100 g/4 oz de pasta brisa

50 g/2 oz/¼ tassa de mantega o margarina, suavitzada

50 g/2 oz/¼ tassa de sucre (superfi).

1 ou, batut

25 g/1 oz/2 cullerades de farina d'arròs

50 g/2 oz/½ tassa de coco dessecat (rallat).

1,5 ml/¼ culleradeta de llevat en pols

60 ml/4 cullerades de xocolata per untar

Estireu la pasta (pasta) i feu servir per folrar les seccions d'un motlle de pastisseria. Batre la mantega o la margarina i el sucre, després batre l'ou i la farina d'arròs. Incorporeu-hi el coco i el llevat en pols. Poseu una cullerada petita de xocolata per untar a la base de cada pastissera (closca de pastís). Col·loqueu la barreja de coco per sobre i poseu-ho al forn preescalfat a 200 °C/400 °F/gas marca 6 durant 15 minuts fins que estigui daurat.

Magdalenes dolces

Fa 15

100 g/4 oz/½ tassa de mantega o margarina, suavitzada

225 g/8 oz/1 tassa de sucre llustre (superfi).

2 ous

5 ml/1 culleradeta d'essència de vainilla (extracte)

175 g/6 oz/1½ tasses de farina autolevant

5 ml/1 culleradeta de llevat en pols

Un pessic de sal

75 ml/5 cullerades de llet

Batem la mantega o la margarina i el sucre fins que quedi lleuger i esponjós. Afegiu a poc a poc els ous i l'essència de vainilla, batent bé després de cada incorporació. Incorporeu-hi la farina, el llevat i la sal alternativament amb la llet, batent bé. Col·loqueu la barreja en cassoletes de paper (papers de cupcake) i poseu-ho al forn preescalfat a 190 °C/375 °F/gas marca 5 durant 20 minuts fins que una broqueta introduïda al centre surti net.

Pastissos de punts de cafè

Fa 12

Per als pastissos:

100 g/4 oz/½ tassa de mantega o margarina, suavitzada

100 g/4 oz/½ tassa de sucre llustre (superfi).

2 ous, lleugerament batuts

100 g/4 oz/1 tassa de farina autolevant

10 ml/2 culleradetes d'essència de cafè (extracte)

Per a la cobertura (glaçada):

50 g/2 oz/¼ tassa de mantega o margarina, suavitzada

100 g/4 oz/2/3 tassa de sucre llustre (de pastisseria), tamisat

Unes gotes d'essència de cafè (extracte)

100 g/4 oz/1 tassa de xips de xocolata

Per fer els pastissos, batem la mantega o la margarina i el sucre fins que quedi lleugera i esponjosa. Batre els ous a poc a poc i després incorporar la farina i l'essència de cafè. Col·loqueu la barreja en cassoles de paper (papers de cupcake) col·locats en un motlle per a pastissos i coure-ho en un forn preescalfat a 180 °C/350 °F/gas marca 4 durant 20 minuts fins que estigui ben elevat i elàstic al tacte. Deixar refredar.

Per fer la cobertura, batem la mantega o la margarina fins que estiguin toves, i després hi batem el sucre llustre i l'essència de cafè. Repartiu per sobre dels pastissos i decoreu amb les xips de xocolata.

Pastissos Eccles

Fa 16

50 g/2 oz/¼ tassa de mantega o margarina

50 g/2 oz/¼ tassa de sucre morena suau

225 g/8 oz/11/3 tasses de groselles

450 g/1 lb de pasta de full o pasta escamosa

Una mica de llet

45 ml/3 cullerades de sucre llustre (superfi).

Desfeu la mantega o la margarina i el sucre moreno a foc lent, remenant bé. Retirar del foc i remenar les groselles. Deixar refredar una mica. Estira la pasta (pasta) sobre una superfície enfarinada i talla en 16 cercles. Dividiu la barreja de farciment entre els cercles i, a continuació, doblegueu les vores cap al centre, raspallant amb aigua per segellar les vores. Doneu la volta als pastissos i enrotlleu-los lleugerament amb un corró per aplanar-los una mica. Talleu tres escletxes a la part superior de cadascuna, unteu-les amb llet i espolseu-hi el sucre. Col·loqueu-lo en una safata de forn (galetes) untada i coure al forn preescalfat a 200 °C/400 °F/gas marca 6 durant 20 minuts fins que estigui daurat.

Pastissos de fades

Fa uns 12

100 g/4 oz/½ tassa de mantega o margarina, suavitzada

100 g/4 oz/½ tassa de sucre llustre (superfi).

2 ous, lleugerament batuts

100 g/4 oz/1 tassa de farina autolevant

Un pessic de sal

30 ml/2 culleradetes de llet

Unes gotes d'essència de vainilla (extracte)

Batem la mantega o la margarina i el sucre fins que quedi pàl·lid i esponjós. A poc a poc, anem incorporant els ous alternativament amb la farina i la sal, després afegim la llet i l'essència de vainilla fins a obtenir una mescla suau. Col·loqueu-los en pastissos de paper (papers de cupcakes) o motlles de pastissos untats (papers) i coure-les en un forn preescalfat a 190 °C/375 °F/marca de gas 5 durant 15-20 minuts fins que estiguin ben elevades i elàstiques al tacte.

Pastissos de fades gelats amb plomes

Fa 12

50 g/2 oz/¼ tassa de mantega o margarina, suavitzada

50 g/2 oz/¼ tassa de sucre (superfí).

1 ou

50 g/2 oz/½ tassa de farina autolevant

100 g/4 oz/2/3 tassa de sucre llustre (de pastisseria).

15 ml/1 cullerada d'aigua tèbia

Unes gotes de colorant alimentari

Batem la mantega o la margarina i el sucre fins que quedi pàl·lid i esponjós. Batre l'ou a poc a poc i després incorporar la farina. Dividiu la barreja entre 12 cassoles de paper (papers de cupcake) posats en motlles (papers). Coure al forn preescalfat a 160 ° C / 325 ° F / marca de gas 3 durant 15-20 minuts fins que estigui aixecat i elàstic al tacte. Deixar refredar.

Barregeu el sucre llustre i l'aigua tèbia. Pinteu un terç de la cobertura (glaçada) amb el colorant alimentari que trieu. Repartiu la cobertura blanca sobre els pastissos. Col·loqueu la cobertura de colors en línies a través del pastís, després dibuixeu una punta de ganivet en angle recte amb les línies primer d'una manera i després en l'altra direcció, per crear un patró ondulat. Deixar reposar.

Fantasies genoveses

Fa 12

3 ous, lleugerament batuts

75 g/3 oz/1/3 tassa de sucre (superfi).

75 g/3 oz/¾ tassa de farina autolevant

Unes gotes d'essència de vainilla (extracte)

25 g/1 oz/2 cullerades de mantega o margarina, fosa i refredada

60 ml/4 cullerades de melmelada d'albercoc (conserva), tamisada (colada)

60 ml/4 cullerades d'aigua

225 g/8 oz/11/3 tasses de sucre llustre (refiteria), tamisat

Unes gotes de colorant alimentari rosa i blau (opcional)

Decoració de pastissos

Col·loqueu els ous i el sucre llustre en un bol resistent a la calor posat sobre una cassola amb aigua a foc lent. Batre fins que la barreja s'allunyi de la batedora en cintes. Incorporeu-hi la farina i l'essència de vainilla i, a continuació, afegiu-hi la mantega o la margarina. Aboqueu la barreja en un motlle suís de 30 x 20 cm (12 x 8) untat i coure al forn preescalfat a 190 °C / 375 °F / marca de gas 5 durant 30 minuts. Deixar refredar i després tallar-los en formes. Escalfeu la melmelada amb 30 ml/2 cullerades d'aigua i apliqueu els pastissos.

Tamisar el sucre llustre en un bol. Si voleu fer la cobertura (glaçada) de diferents colors, dividiu-la en bols separats i feu un pou al centre de cadascun. Afegiu-hi a poc a poc unes gotes de color i l'aigua que queda prou per barrejar fins a obtenir una cobertura bastant rígida. Repartiu els pastissos i decoreu-los com vulgueu.

Macarrons d'ametlla

Fa 16

Paper d'arròs

100 g/4 oz/½ tassa de sucre llustre (superfi).

50 g/2 oz/½ tassa d'ametlla mòlta

5 ml/1 culleradeta d'arròs mòlt

Unes gotes d'essència d'ametlla (extracte)

1 clara d'ou

8 ametlles blanquejades, tallades a la meitat

Folreu una làmina de forn (galetes) amb paper d'arròs. Barregeu tots els ingredients, excepte les ametlles blanquejades, fins a obtenir una pasta ferma i bateu-ho bé. Col·loqueu cullerades de la barreja a la safata de forn (galetes) i poseu-hi una meitat d'ametlla per sobre de cadascuna. Coure al forn preescalfat a 150 °C/325 °F/gas marca 3 durant 25 minuts. Deixeu refredar a la safata per al forn, després talleu-les o trenqueu-les per alliberar-les de la làmina de paper d'arròs.

Macarrons de coco

Fa 16

2 clares d'ou

150 g/5 oz/2/3 tassa de sucre llustre (superfí).

150 g/5 oz/1¼ tasses de coco dessecat (rallat).

Paper d'arròs

8 cireres glaçades (confitades), tallades a la meitat

Bateu les clares fins que estiguin rígides. Afegiu el sucre fins que la barreja formi pics rígids. Incorporeu el coco. Col·loqueu el paper d'arròs en una safata de forn (galetes) i poseu-hi cullerades de la barreja. Poseu una meitat de cirera a sobre de cadascuna. Coure al forn preescalfat a 160 ° C / 325 ° F / marca de gas 3 durant 30 minuts fins que estigui ferm. Deixeu refredar sobre el paper d'arròs, després talleu-los o trenqueu-los per alliberar-los de la làmina de paper d'arròs.

Macarrons de llima

Fa 12

100 g/4 oz de pasta brisa

60 ml/4 cullerades de melmelada de llima

2 clares d'ou

50 g/2 oz/¼ tassa de sucre (superfí).

25 g/1 oz/¼ tassa d'ametlles mòltes

10 ml/2 culleradeta d'arròs mòlt

5 ml/1 culleradeta d'aigua de flor de taronger

Estireu la pasta (pasta) i feu servir per folrar les seccions d'un motlle de pastisseria. Poseu una cullerada petita de melmelada a cada pastisseria (closca de pastís). Batre les clares fins que estiguin rígides. Afegiu el sucre fins que estigui rígid i brillant. Incorporeu les ametlles, l'arròs i l'aigua de flor de taronger. Col·loqueu-los als estoigs, cobrint completament la melmelada. Coure al forn preescalfat a 180 °C/350 °F/gas marca 4 durant 30 minuts fins que s'aixequi i estigui daurat.

Macarrons de civada

Fa 24

175 g/6 oz/1½ tasses de civada enrotllada

175 g/6 oz/¾ tassa de sucre muscovado

120 ml/4 fl oz/½ tassa d'oli

1 ou

2,5 ml/½ culleradeta de sal

2,5 ml/½ culleradeta d'essència d'ametlla (extracte)

Barrejar la civada, el sucre i l'oli i deixar reposar 1 hora. Batre l'ou, la sal i l'essència d'ametlla. Col·loqueu cullerades de la barreja en una safata de forn (galetes) untada i coure al forn preescalfat a 160 °C/325 °F/gas marca 3 durant 20 minuts fins que estigui daurat.

Madeleines

Fa 9

100 g/4 oz/½ tassa de mantega o margarina, suavitzada

100 g/4 oz/½ tassa de sucre llustre (superfi).

2 ous, lleugerament batuts

100 g/4 oz/1 tassa de farina autolevant

175 g/6 oz/½ tassa de melmelada de maduixa o gerds (conservar)

60 ml/4 cullerades d'aigua

50 g/2 oz/½ tassa de coco dessecat (rallat).

5 cireres glaçades (confitades), tallades a la meitat

Bateu la mantega o la margarina fins que estigui lleugera, després bateu-hi el sucre fins que quedi lleugera i esponjosa. Batre els ous a poc a poc i després incorporar la farina. Col·loqueu-los en nou motlles de dariole (púding de castell) untats i poseu-los en una safata de forn (galetes). Coure al forn preescalfat a 190 °C/375 °F / marca de gas 5 durant 20 minuts fins que estigui ben pujat i estigui daurat. Deixeu-ho refredar a les llaunes durant 5 minuts, després poseu-ho a una reixeta per acabar de refredar.

Talleu la part superior de cada pastís per formar una base plana. Tamisar (colar) la melmelada i portar a ebullició amb l'aigua en una cassola petita, remenant fins que quedi ben integrat.
Escampeu el coco en un full gran de paper encerat (encerat). Introduïu una broqueta a la base del primer pastís, unteu-lo amb l'esmalt de melmelada i, a continuació, enrotlleu el coco fins que estigui cobert. Col·locar en un plat de servir. Repetiu amb els pastissos restants. Damunt amb cireres glaçades a la meitat.

Pastissos de massapà

Fa uns 12

450 g/1 lb/4 tasses d'ametlla mòlta

100 g/4 oz/2/3 tassa de sucre llustre (de pastisseria), tamisat

100 g/4 oz/½ tassa de sucre llustre (superfi).

30 ml/2 cullerades d'aigua

3 clares d'ou

          Per a la cobertura (glaçada):
100 g/4 oz/2/3 tassa de sucre llustre (de pastisseria), tamisat

1 clara d'ou

2,5 ml/½ culleradeta de vinagre

Barregeu tots els ingredients del pastís en una cassola i escalfeu-ho suaument, remenant, fins que la pasta absorbeixi tot el líquid. Retirar del foc i deixar refredar. Estireu sobre una superfície lleugerament enfarinada fins a 1 cm/½ de gruix i talleu-los a tires de 3 cm/1½. Talleu-los a 5 cm/2 de longitud, poseu-los en una safata de forn (galetes) untada i coure al forn preescalfat a 150°C/300°F/marca de gas 2 durant 20 minuts fins que la damunt sigui marró clar. Deixar refredar.

Per fer la cobertura, remeneu a poc a poc la clara d'ou i el vinagre al sucre llustre fins que quedeu una cobertura llisa i espessa. Ruixeu la cobertura sobre els pastissos.

Magdalenes

Fa 12

225 g/8 oz/2 tasses de farina normal (tot ús).

100 g/4 oz/½ tassa de sucre llustre (superfi).

10 ml/2 culleradetes de llevat en pols

2,5 ml/½ culleradeta de sal

1 ou, lleugerament batut

250 ml/8 fl oz/1 tassa de llet

120 ml/4 fl oz/½ tassa d'oli

Barregeu la farina, el sucre, el llevat i la sal i feu un pou al centre. Barregeu els ingredients restants i barregeu-los amb els ingredients secs fins que s'acabi de barrejar. No mescleu massa. Col·loqueu-los en motlles de magdalenes (papers) o motlles de magdalenes (papels) untats amb greix i coure al forn preescalfat a 200 °C/400 °F/gas marca 6 durant 20 minuts fins que estigui ben aixecat i elàstic al tacte.

Muffins de poma

Fa 12

225 g/8 oz/2 tasses de farina normal (tot ús).

100 g/4 oz/½ tassa de sucre llustre (superfí).

10 ml/2 culleradetes de llevat en pols

2,5 ml/½ culleradeta de sal

1 ou, lleugerament batut

250 ml/8 fl oz/1 tassa de llet

120 ml/4 fl oz/½ tassa d'oli

2 pomes per menjar (de postres), pelades, pelades i tallades a trossos

Barregeu la farina, el sucre, el llevat i la sal i feu un pou al centre. Barregeu els ingredients restants i barregeu-los amb els ingredients secs fins que s'acabi de barrejar. No mescleu massa. Col·loqueu-los en motlles de magdalenes (papers) o motlles de magdalenes (papels) untats amb greix i coure al forn preescalfat a 200 °C/400 °F/gas marca 6 durant 20 minuts fins que estigui ben aixecat i elàstic al tacte.

Muffins de plàtan

Fa 12

225 g/8 oz/2 tasses de farina normal (tot ús).

100 g/4 oz/½ tassa de sucre llustre (superfí).

10 ml/2 cullerdetes de llevat en pols

2,5 ml/½ cullerdeta de sal

1 ou, lleugerament batut

250 ml/8 fl oz/1 tassa de llet

120 ml/4 fl oz/½ tassa d'oli

2 plàtans, triturats

Barregeu la farina, el sucre, el llevat i la sal i feu un pou al centre. Barregeu els ingredients restants i barregeu-los amb els ingredients secs fins que s'acabi de barrejar. No mescleu massa. Col·loqueu-los en motlles de magdalenes (papers) o motlles de magdalenes (papels) untats amb greix i coure al forn preescalfat a 200 °C/400 °F/gas marca 6 durant 20 minuts fins que estigui ben aixecat i elàstic al tacte.

Muffins de grosella negra

Fa 12

225 g/8 oz/2 tasses de farina autolevant

75 g/3 oz/1/3 tassa de sucre (superfí).

2 clares d'ou

75 g/3 oz de groselles negres

200 ml/7 fl oz/escassa 1 tassa de llet

30 ml/2 cullerades d'oli

Barrejar la farina i el sucre. Bateu lleugerament les clares i després barregeu-les amb els ingredients secs. Incorporeu-hi les groselles negres, la llet i l'oli. Col·loqueu-los en motlles de muffins (paelles) untades i coure-les en un forn preescalfat a 200 °C/400 °F/marca de gas 6 durant 15-20 minuts fins que estiguin daurades.

Muffins americans de nabius

Fa 12

150 g/5 oz/1¼ tasses de farina normal (tot ús).

75 g/3 oz/¾ tassa de farina de blat de moro

75 g/3 oz/1/3 tassa de sucre (superfi).

10 ml/2 culleradetes de llevat en pols

Un pessic de sal

1 ou, lleugerament batut

75 g/3 oz/1/3 tassa de mantega o margarina, fosa

250 ml/8 fl oz/1 tassa de llet de mantega

100 g/4 oz de nabius

Barregeu la farina, la farina de blat de moro, el sucre, el llevat i la sal i feu un pou al centre. Afegiu l'ou, la mantega o la margarina i la llet de mantega i barregeu-ho fins que s'acabi de combinar. Incorporeu-hi els nabius o les móres. Col·loqueu en cassoletes de magdalenes (papers) i coure al forn preescalfat a 200 °C/400 °F/marca de gas 6 durant 20 minuts fins que estiguin daurats i elàstics al tacte.

Muffins de cireres

Fa 12

225 g/8 oz/2 tasses de farina normal (tot ús).

100 g/4 oz/½ tassa de sucre llustre (superfí).

100 g/4 oz/½ tassa de cireres glaçades (confitades).

10 ml/2 culleradetes de llevat en pols

2,5 ml/½ culleradeta de sal

1 ou, lleugerament batut

250 ml/8 fl oz/1 tassa de llet

120 ml/4 fl oz/½ tassa d'oli

Barregeu la farina, el sucre, les cireres, el llevat i la sal i feu un pou al centre. Barregeu els ingredients restants i barregeu-los amb els ingredients secs fins que s'acabi de barrejar. No mescleu massa. Col·loqueu-los en motlles de magdalenes (papers) o motlles de magdalenes (papels) untats i coure-les al forn preescalfat a 200 °C/400 °F/gas marca 6 durant 20 minuts fins que estiguin ben elevades i elàstiques al tacte.

Muffins de xocolata

Fa 10-12

175 g/6 oz/1½ tasses de farina normal (tot ús).

40 g/1½ oz/1/3 tassa de cacau (xocolata sense sucre) en pols

100 g/4 oz/½ tassa de sucre llustre (superfí).

10 ml/2 culleradetes de llevat en pols

2,5 ml/½ culleradeta de sal

1 ou gran

250 ml/8 fl oz/1 tassa de llet

2,5 ml/½ culleradeta d'essència de vainilla (extracte)

120 ml/4 fl oz/½ tassa d'oli de gira-sol o vegetal

Barregeu els ingredients secs i feu un pou al centre. Barrejar bé l'ou, la llet, l'essència de vainilla i l'oli. Incorporeu ràpidament el líquid als ingredients secs fins que s'incorporin tots. No mescleu massa; la mescla ha de quedar grumosa. Col·loqueu-los en cassoles de magdalenes (papers) o llaunes (pasoles) i enforneu-los al forn preescalfat a 200 °C/400 °F/marca de gas 6 durant uns 20 minuts fins que estigui ben pujat i elàstic al tacte.

Muffins amb xips de xocolata

Fa 12

175 g/6 oz/1½ tasses de farina normal (tot ús).

100 g/4 oz/½ tassa de sucre llustre (superfí).

45 ml/3 cullerades de cacau (xocolata sense sucre) en pols

100 g/4 oz/1 tassa de xips de xocolata

10 ml/2 culleradetes de llevat en pols

2,5 ml/½ culleradeta de sal

1 ou, lleugerament batut

250 ml/8 fl oz/1 tassa de llet

120 ml/4 fl oz/½ tassa d'oli

2,5 ml/½ culleradeta d'essència de vainilla (extracte)

Barregeu la farina, el sucre, el cacau, les xips de xocolata, el llevat i la sal i feu un pou al centre. Barregeu els ingredients restants i barregeu-los amb els ingredients secs fins que s'acabi de barrejar. No mescleu massa. Col·loqueu-los en motlles de magdalenes (papers) o motlles de magdalenes (papels) untats amb greix i coure al forn preescalfat a 200 °C/400 °F/gas marca 6 durant 20 minuts fins que estigui ben aixecat i elàstic al tacte.

Muffins de canyella

Fa 12

225 g/8 oz/2 tasses de farina normal (tot ús).

100 g/4 oz/½ tassa de sucre llustre (superfi).

10 ml/2 culleradetes de llevat en pols

5 ml/1 culleradeta de canyella mòlta

2,5 ml/½ culleradeta de sal

1 ou, lleugerament batut

250 ml/8 fl oz/1 tassa de llet

120 ml/4 fl oz/½ tassa d'oli

Barregeu la farina, el sucre, el llevat en pols, la canyella i la sal i feu un pou al centre. Barregeu els ingredients restants i barregeu-los amb els ingredients secs fins que s'acabi de barrejar. No mescleu massa. Col·loqueu-los en motlles de magdalenes (papers) o motlles de magdalenes (papels) untats i coure-les al forn preescalfat a 200 °C/400 °F/gas marca 6 durant 20 minuts fins que estiguin ben elevades i elàstiques al tacte.

Muffins de blat de moro

Fa 12

50 g/2 oz/½ tassa de farina normal (tot ús).

100 g/4 oz/1 tassa de farina de blat de moro

5 ml/1 culleradeta de llevat en pols

1 ou, separat

1 rovell d'ou

30 ml/2 cullerades d'oli de blat de moro

30 ml/2 cullerades de llet

Barregeu la farina, la farina de blat de moro i el llevat. Bateu els rovells d'ou, l'oli i la llet i, a continuació, afegiu-hi els ingredients secs. Batre la clara d'ou fins que quedi rígida i després incorporar-la a la barreja. Col·loqueu-los en motlles de magdalenes (papers) o motlles de magdalenes (papels) untats i coure al forn preescalfat a 200 °C/400 °F/gas marca 6 durant uns 20 minuts fins que estiguin daurats.

Muffins de figues integrals

Fa 10

100 g/4 oz/1 tassa de farina integral (integral).

5 ml/1 culleradeta de llevat en pols

50 g/2 oz/½ tassa de civada enrotllada

50 g/2 oz/1/3 tassa de figues seques, picades

45 ml/3 cullerades d'oli

75 ml/5 cullerades de llet

15 ml/1 cullerada de melassa negra (melassa)

1 ou, lleugerament batut

Barregeu la farina, el llevat en pols i la civada, i afegiu-hi les figues. Escalfeu l'oli, la llet i la melassa junts fins que es barregin, després remeneu-hi els ingredients secs amb l'ou i barregeu-ho fins a obtenir una massa ferma. Col·loqueu cullerades de la barreja en motlles de magdalenes (papers) o motlles de magdalenes (papels) untats i coure al forn preescalfat a 190 °C/375 °F/gas marca 5 durant uns 20 minuts fins que estiguin daurades.

Muffins de fruita i segó

Fa 8

100 g/4 oz/1 tassa de cereals All Bran

50 g/2 oz/½ tassa de farina normal (tot ús).

2,5 ml/½ culleradeta de llevat en pols

5 ml/1 culleradeta de bicarbonat de sodi (bicarbonat de sodi)

5 ml/1 culleradeta d'espècies barrejades (pastís de poma) mòlts

50 g/2 oz/1/3 tassa de panses

100 g/4 oz/1 tassa de puré de poma (salsa)

5 ml/1 culleradeta d'essència de vainilla (extracte)

30 ml/2 cullerades de llet

Barregeu els ingredients secs i feu un pou al centre. Incorporeu-hi les panses, el puré de poma i l'essència de vainilla i la llet suficient per fer una mescla suau. Col·loqueu-los en motlles de magdalenes (papers) o motlles de magdalenes (papels) untats i coure al forn preescalfat a 200 °C/400 °F/gas marca 6 durant 20 minuts fins que estigui ben pujat i estigui daurat.

Muffins de civada

Fa 20

100 g/4 oz/1 tassa de farina de civada

100 g/4 oz/1 tassa de farina de civada

225 g/8 oz/2 tasses de farina integral (integral).

10 ml/2 culleradetes de llevat en pols

50 g/2 oz/1/3 tassa de panses (opcional)

375 ml/13 fl oz/1½ tasses de llet

10 ml/2 culleradetes d'oli

2 clares d'ou

Barregeu la farina de civada, les farines i el llevat en pols i afegiu-hi les panses, si ho feu servir. Incorporeu-hi la llet i l'oli. Batre les clares a punt de neu i després incorporar-les a la barreja. Col·loqueu en motlles de magdalenes (papers) o motlles de magdalenes (papels) untats i coure al forn preescalfat a 190 °C/375 °F/gas marca 5 durant uns 25 minuts fins que estiguin daurats.

Muffins de fruita de civada

Fa 10

100 g/4 oz/1 tassa de farina integral (integral).

100 g/4 oz/1 tassa de farina de civada

15 ml/1 cullerada de llevat en pols

100 g/4 oz/2/3 tassa de sultanes (panses daurades)

50 g/2 oz/½ tassa de fruits secs barrejats picats

1 poma per menjar (de postres), pelada, pelada i ratllada

45 ml/3 cullerades d'oli

30 ml/2 cullerades de mel clara

15 ml/1 cullerada de melassa negra (melassa)

1 ou, lleugerament batut

90 ml/6 cullerades de llet

Barregeu la farina, la farina de civada i el llevat en pols. Incorporeu-hi les sultanes, els fruits secs i la poma. Escalfeu l'oli, la mel i la melassa junts fins que es fonguin i, a continuació, afegiu-hi la barreja amb l'ou i la llet suficient per obtenir una consistència suau. Col·loqueu en motlles de magdalenes (papers) o motlles de magdalenes (papels) untats i coure al forn preescalfat a 190 °C/375 °F/gas marca 5 durant uns 25 minuts fins que estiguin daurats.

Muffins de taronja

Fa 12

100 g/4 oz/1 tassa de farina autolevant

100 g/4 oz/½ tassa de sucre moreno suau

1 ou, lleugerament batut

120 ml/4 fl oz/½ tassa de suc de taronja

60 ml/4 cullerades d'oli

2,5 ml/½ culleradeta d'essència de vainilla (extracte)

25 g/1 oz/2 cullerades de mantega o margarina

30 ml/2 cullerades de farina normal (tot ús).

2,5 ml/½ culleradeta de canyella mòlta

Barregeu la farina autolevant i la meitat del sucre en un bol. Barregeu l'ou, el suc de taronja, l'oli i l'essència de vainilla i, a continuació, afegiu-hi els ingredients secs fins que s'acabi de barrejar. No mescleu massa. Col·loqueu-los en motlles de magdalenes (papers) o motlles de magdalenes (papels) untats i coure-ho al forn preescalfat a 200 °C/400 °F/marca de gas 6 durant 10 minuts.

Mentrestant, fregueu la mantega o la margarina per a la cobertura a la farina natural, després barregeu-hi el sucre restant i la canyella. Espolvorear les magdalenes i tornar-les al forn durant 5 minuts més fins que estiguin daurades.

Muffins de préssec

Fa 12

225 g/8 oz/2 tasses de farina normal (tot ús).

100 g/4 oz/½ tassa de sucre llustre (superfi).

10 ml/2 culleradetes de llevat en pols

2,5 ml/½ culleradeta de sal

1 ou, lleugerament batut

175 ml/6 fl oz/¾ tassa de llet

120 ml/4 fl oz/½ tassa d'oli

200 g/7 oz/1 llauna de préssecs, escorreguts i picats

Barregeu la farina, el sucre, el llevat i la sal i feu un pou al centre. Barregeu els ingredients restants i barregeu-los amb els ingredients secs fins que s'acabi de barrejar. No mescleu massa. Col·loqueu-los en motlles de magdalenes (papers) o motlles de magdalenes (papels) untats amb greix i coure al forn preescalfat a 200 °C/400 °F/gas marca 6 durant 20 minuts fins que estigui ben aixecat i elàstic al tacte.

Muffins de mantega de cacauet

Fa 12

225 g/8 oz/2 tasses de farina normal (tot ús).

100 g/4 oz/½ tassa de sucre moreno suau

10 ml/2 culleradetes de llevat en pols

2,5 ml/½ culleradeta de sal

1 ou, lleugerament batut

250 ml/8 fl oz/1 tassa de llet

120 ml/4 fl oz/½ tassa d'oli

45 ml/3 cullerades de mantega de cacauet

Barregeu la farina, el sucre, el llevat i la sal i feu un pou al centre. Barregeu els ingredients restants i barregeu-los amb els ingredients secs fins que s'acabi de barrejar. No mescleu massa. Col·loqueu-los en motlles de magdalenes (papers) o motlles de magdalenes (papels) untats amb greix i coure al forn preescalfat a 200 °C/400 °F/gas marca 6 durant 20 minuts fins que estigui ben aixecat i elàstic al tacte.

Muffins de pinya

Fa 12

225 g/8 oz/2 tasses de farina normal (tot ús).

100 g/4 oz/½ tassa de sucre moreno suau

10 ml/2 culleradetes de llevat en pols

2,5 ml/½ culleradeta de sal

1 ou, lleugerament batut

175 ml/6 fl oz/¾ tassa de llet

120 ml/4 fl oz/½ tassa d'oli

200 g/7 oz/1 llauna de pinya petita, escorreguda i picada

30 ml/2 cullerades de sucre demerara

Barregeu la farina, el sucre moreno suau, el llevat i la sal i feu un pou al centre. Barregeu tots els ingredients restants excepte el sucre demerara i barregeu-los amb els ingredients secs fins que s'acabi de barrejar. No mescleu massa. Col·loqueu-los en motlles de magdalenes (papers) o motlles de magdalenes (papels) untats i espolvoreu amb el sucre demerara. Coure al forn preescalfat a 200 °C/400 °F / marca de gas 6 durant 20 minuts fins que estigui ben pujat i elàstic al tacte.

Muffins de gerds

Fa 12

225 g/8 oz/2 tasses de farina normal (tot ús).

100 g/4 oz/½ tassa de sucre llustre (superfi).

10 ml/2 culleradetes de llevat en pols

2,5 ml/½ culleradeta de sal

200 g/7 oz de gerds

1 ou, lleugerament batut

250 ml/8 fl oz/1 tassa de llet

120 ml/4 fl oz/½ tassa d'oli vegetal

Barrejar la farina, el sucre, el llevat i la sal. Incorporeu-hi els gerds i feu un pou al centre. Barregeu l'ou, la llet i l'oli i aboqueu-hi els ingredients secs. Remeneu suaument fins que es barregin tots els ingredients secs, però la barreja encara és grumoll. No sobrepasseu. Col·loqueu la barreja en motlles de magdalenes (papers) o motlles de magdalenes (papels) untats i coure al forn preescalfat a 200 °C/400 °F/gas marca 6 durant 20 minuts fins que estiguin ben elevades i elàstiques al tacte.

Muffins de gerds i llimona

Fa 12

175 g/6 oz/1½ tasses de farina normal (tot ús).

50 g/2 oz/¼ tassa de sucre granulat

50 g/2 oz/¼ tassa de sucre morena suau

10 ml/2 culleradetes de llevat en pols

5 ml/1 culleradeta de canyella mòlta

Un pessic de sal

1 ou, lleugerament batut

100 g/4 oz/½ tassa de mantega o margarina, fosa

120 ml/4 fl oz/½ tassa de llet

100 g/4 oz de gerds frescos

10 ml/2 culleradetes de pell de llimona ratllada

Per a la cobertura:
75 g/3 oz/½ tassa de sucre llustre (de pastisseria), tamisat

15 ml/1 cullerada de suc de llimona

Barregeu la farina, el sucre granulat, el sucre moreno, el llevat en pols, la canyella i la sal en un bol i feu un pou al centre. Afegiu l'ou, la mantega o la margarina i la llet i barregeu fins que els ingredients estiguin ben combinats. Incorporeu-hi els gerds i la pell de llimona. Col·loqueu-los en motlles de magdalenes (papers) o motlles de magdalenes (papels) untats i coure al forn preescalfat a 180 °C/350 °F/gas marca 4 durant 20 minuts fins que estiguin daurats i elàstics al tacte. Barregeu el sucre llustre i el suc de llimona per a la cobertura i aboqueu-los sobre els muffins calents.

Muffins Sultana

Fa 12

225 g/8 oz/2 tasses de farina normal (tot ús).

100 g/4 oz/½ tassa de sucre llustre (superfi).

100 g/4 oz/2/3 tassa de sultanes (panses daurades)

10 ml/2 culleradetes de llevat en pols

5 ml/1 culleradeta d'espècies barrejades (pastís de poma) mòlts

2,5 ml/½ culleradeta de sal

1 ou, lleugerament batut

250 ml/8 fl oz/1 tassa de llet

120 ml/4 fl oz/½ tassa d'oli

Barregeu la farina, el sucre, les sultanes, el llevat, la barreja d'espècies i la sal i feu un pou al centre. Barregeu els ingredients restants fins que s'acabi de barrejar. Col·loqueu-los en motlles de magdalenes (papers) o motlles de magdalenes (papels) untats amb greix i coure al forn preescalfat a 200 °C/400 °F/gas marca 6 durant 20 minuts fins que estigui ben aixecat i elàstic al tacte.

Muffins de melassa

Fa 12

225 g/8 oz/2 tasses de farina normal (tot ús).

100 g/4 oz/½ tassa de sucre moreno suau

10 ml/2 culleradetes de llevat en pols

2,5 ml/½ culleradeta de sal

1 ou, lleugerament batut

175 ml/6 fl oz/¾ tassa de llet

60 ml/4 cullerades de melassa negra (melassa)

120 ml/4 fl oz/½ tassa d'oli

Barregeu la farina, el sucre, el llevat i la sal i feu un pou al centre. Barregeu els ingredients restants fins que s'acabi de barrejar. No mescleu massa. Col·loqueu-los en motlles de magdalenes (papers) o motlles de magdalenes (papels) untats i coure-les al forn preescalfat a 200 °C/400 °F/gas marca 6 durant 20 minuts fins que estiguin ben elevades i elàstiques al tacte.

Magdalenes de melassa i civada

Fa 10

100 g/4 oz/1 tassa de farina normal (tot ús).

175 g/6 oz/1½ tasses de civada enrotllada

100 g/4 oz/½ tassa de sucre moreno suau

15 ml/1 cullerada de llevat en pols

5 ml/1 culleradeta de canyella mòlta

2,5 ml/½ culleradeta de sal

1 ou, lleugerament batut

120 ml/4 fl oz/½ tassa de llet

60 ml/4 cullerades de melassa negra (melassa)

75 ml/5 cullerades d'oli

Barregeu la farina, la civada, el sucre, el llevat, la canyella i la sal i feu un pou al centre. Barregeu els ingredients restants, després barregeu-los amb els ingredients secs fins que s'acabi de barrejar. No mescleu massa. Col·loqueu-los en motlles de magdalenes (papers) o motlles de magdalenes (papels) untats i coure-les al forn preescalfat a 200 °C/400 °F/gas marca 6 durant 15 minuts fins que estiguin ben elevades i elàstiques al tacte.

Torrades de civada

Fa 8

225 g/8 oz/2 tasses de civada enrotllada

100 g/4 oz/1 tassa de farina integral (integral).

5 ml/1 culleradeta de sal

5 ml/1 culleradeta de llevat en pols

50 g/2 oz/¼ tassa de llard de porc (escurçament)

30 ml/2 cullerades d'aigua freda

Barregeu els ingredients secs i, a continuació, fregueu-hi el llard de porc fins que la barreja sembli pa ratllat. Afegiu-hi prou aigua per fer una massa ferma. Estireu sobre una superfície lleugerament enfarinada a un cercle de 18 cm/7 i talleu-ho en vuit tascons. Col·loqueu-lo en una safata de forn (galetes) untada i coure al forn preescalfat a 180 °C/350 °F/marca de gas 4 durant 25 minuts. Serviu amb mantega, melmelada o melmelada.

Truites d'esponja de maduixa

Fa 18

5 rovells d'ou

75 g/3 oz/1/3 tassa de sucre (superfí).

Un pessic de sal

Pela ratllada de ½ llimona

4 clares d'ou

40 g/1½ oz/1/3 tassa de farina de blat de moro (maicena)

40 g/1½ oz/1/3 tassa de farina normal (tot ús).

40 g/1½ oz/3 cullerades de mantega o margarina, fosa

300 ml/½ pt/1¼ tasses de nata per muntar

225 g/8 oz de maduixes

Sucre llustre (de pastisseria), tamisat, per empolsar

Bateu els rovells d'ou amb 25 g/1 oz/2 cullerades de sucre llustre fins que estiguin pàl·lids i espessats, després bateu-hi la sal i la pell de llimona. Bateu les clares fins que estiguin rígides, després afegiu-hi el sucre llustre restant i continueu batent fins que estiguin rígides i brillants. Incorporeu-hi els rovells d'ou, després incorporeu-hi la farina de blat de moro i la farina. Incorporeu-hi la mantega fosa o la margarina. Transferiu la barreja a una motllera amb un broquet simple (punta) d'1 cm/½ i formeu cercles de 15 cm/6 en una safata de forn (galetes) untada i folrada. Coure al forn preescalfat a 220 °C/425 °F/gas marca 7 durant 10 minuts fins que acabi de color però no es dauri. Deixar refredar.

Batre la nata fins que estigui rígida. Col·loqueu una capa fina sobre la meitat de cada cercle, disposeu les maduixes per sobre i, a continuació, acabeu amb més nata. Doblegueu la meitat superior de les "truites" per sobre. Empolsem amb sucre llustre i servim.

Pastissos de menta

Fa 12

100 g/4 oz/½ tassa de mantega o margarina, suavitzada

100 g/4 oz/½ tassa de sucre llustre (superfí).

2 ous, lleugerament batuts

75 g/3 oz/¾ tassa de farina autolevant

10 ml/2 culleradetes de cacau (xocolata sense sucre) en pols

Un pessic de sal

225 g/8 oz/11/3 tasses de sucre llustre (refiteria), tamisat

30 ml/2 cullerades d'aigua

Unes gotes de colorant alimentari verd

Unes gotes d'essència de menta (extracte)

Mentes de xocolata, a la meitat, per decorar

Batem la mantega o la margarina i el sucre fins que quedi lleugera i esponjosa, després batem els ous a poc a poc. Incorporeu-hi la farina, el cacau i la sal. Col·loqueu-los en motlles de pastes untades amb greix i coure-les al forn preescalfat a 200 °C/400 °F/marca de gas 6 durant 10 minuts fins que quedi elàstica al tacte. Deixar refredar.

Tamisar el sucre llustre en un bol i barrejar-hi 15 ml/1 cullerada d'aigua, després afegir el colorant alimentari i l'essència de menta al gust. Afegiu-hi més aigua si cal per donar-li una consistència que cobreixi el dors d'una cullera. Repartiu la cobertura per sobre dels pastissos i decoreu-ho amb menta de xocolata.

Pastissos de panses

Fa 12

175 g/6 oz/1 tassa de panses

250 ml/8 fl oz/1 tassa d'aigua

5 ml/1 culleradeta de bicarbonat de sodi (bicarbonat de sodi)

100 g/4 oz/½ tassa de mantega o margarina, suavitzada

100 g/4 oz/½ tassa de sucre moreno suau

1 ou, batut

5 ml/1 culleradeta d'essència de vainilla (extracte)

200 g/7 oz/1¾ tasses de farina normal (tot ús).

5 ml/1 culleradeta de llevat en pols

Un pessic de sal

Porteu les panses, l'aigua i el bicarbonat de sodi a ebullició en una cassola i, a continuació, deixeu-ho coure a foc lent durant 3 minuts. Deixar refredar fins que estigui tebi. Batem la mantega o la margarina i el sucre fins que quedi pàl·lid i esponjós. Incorporeu-hi a poc a poc l'ou i l'essència de vainilla. Incorporeu-hi la barreja de panses i, a continuació, barregeu-hi la farina, el llevat i la sal. Col·loqueu la barreja en motlles de magdalenes (papers) o motlles de magdalenes (papels) untats i coure-ho en un forn preescalfat a 180 °C/350 °F/gas marca 4 durant 12-15 minuts fins que estigui ben pujat i estigui daurat.

Rínxols de panses

Fa 24

225 g/8 oz/2 tasses de farina normal (tot ús).

Un polsim d'espècies mòltes barrejades (pastís de poma).

5 ml/1 culleradeta de bicarbonat de sodi (bicarbonat de sodi)

225 g/8 oz/1 tassa de sucre llustre (superfí).

45 ml/3 cullerades d'ametlla mòlta

225 g/8 oz/1 tassa de mantega o margarina, fosa

45 ml/3 cullerades de panses

1 ou, lleugerament batut

Barregeu els ingredients secs i afegiu-hi la mantega fosa o la margarina, seguida de les panses i l'ou. Barrejar bé fins a obtenir una pasta ferma. Estireu sobre una superfície lleugerament enfarinada fins a uns 5 mm/¼ de gruix i talleu-les a tires de 5 mm x 20 cm/ ¼ x 8 polzades. Humitegeu lleugerament la superfície superior amb una mica d'aigua, després enrotlleu cada tira des de l'extrem curt. Col·loqueu-lo en una safata de forn (galetes) untada i coure al forn preescalfat a 200 °C/400 °F/gas marca 6 durant 15 minuts fins que estigui daurat.

Bollos de gerds

Fa 12 panets

225 g/8 oz/2 tasses de farina normal (tot ús).

7,5 ml/½ cullerada de llevat en pols

2,5 ml/½ culleradeta d'espècies barrejades (pastís de poma) mòlts

Un pessic de sal

75 g/3 oz/1/3 tassa de mantega o margarina

75 g/3 oz/1/3 tassa de sucre llustre (superfi), més un extra per espolvorear

1 ou

60 ml/4 cullerades de llet

60 ml/4 cullerades de melmelada de gerds (conservar)

Barregeu la farina, el llevat en pols, les espècies i la sal, després fregueu-hi la mantega o la margarina fins que la barreja sembli pa ratllat. Incorporeu-hi el sucre. Barregeu l'ou i la llet suficient per fer una massa ferma. Dividiu-les en 12 boles i col·loqueu-les sobre una safata de forn (galetes) untada. Feu un forat amb un dit al centre de cadascun i hi poseu una mica de melmelada de gerds. Pinteu-ho amb llet i empolvoreu-ho amb sucre llustre. Coure al forn preescalfat a 220 °C/425 °F/gas marca 7 durant 10-15 minuts fins que estigui daurat. Damunt amb una mica més de melmelada, si cal.

Pastissos d'arròs integral i gira-sol

Fa 12

75 g/3 oz/¾ tassa d'arròs integral cuit

50 g/2 oz/½ tassa de llavors de gira-sol

25 g/1 oz/¼ tassa de llavors de sèsam

40 g/1½ oz/¼ tassa de panses

40 g/1½ oz/¼ tassa de cireres glaçades (confitades), tallades a quarts

25 g/1 oz/2 cullerades de sucre moreno suau

15 ml/1 cullerada de mel clara

75 g/3 oz/1/3 tassa de mantega o margarina

5 ml/1 culleradeta de suc de llimona

Barrejar l'arròs, les llavors i la fruita. Fondre el sucre, la mel, la mantega o la margarina i el suc de llimona i remenar a la barreja d'arròs. Col·loqueu en 12 cassoles de pastissos (papers de cupcake) i poseu-ho al forn preescalfat a 200 °C/400 °F/marca de gas 6 durant 15 minuts.

Pastissos de roca

Fa 12

225 g/8 oz/2 tasses de farina normal (tot ús).

Un pessic de sal

10 ml/2 culleradetes de llevat en pols

50 g/2 oz/¼ tassa de mantega o margarina

50 g/2 oz/¼ tassa de llard de porc (escurçament)

100 g/4 oz/2/3 tassa de fruita barrejada seca (mescla de pastís de fruites)

100 g/4 oz/½ tassa de sucre demerara

Pela ratllada de ½ llimona

1 ou

15–30 ml/1–2 cullerades de llet

Barregeu la farina, la sal i el llevat en pols, després fregueu-hi la mantega o la margarina i el llard fins que la barreja sembli pa ratllat. Incorporeu la fruita, el sucre i la pell de llimona. Bateu l'ou amb 15 ml/1 cullerada de llet, afegiu-hi els ingredients secs i barregeu-ho fins a obtenir una massa ferma, afegint-hi llet addicional si cal. Col·loqueu petits munts de la barreja en una safata de forn (galetes) untada i coure al forn preescalfat a 200 °C/400 °F/gas marca 6 durant 15-20 minuts fins que estigui daurat.

Pastissos de roca sense sucre

Fa 12

75 g/3 oz/1/3 tassa de mantega o margarina

175 g/6 oz/1¼ tasses de farina integral (integral).

50 g/2 oz/½ tassa de farina de civada

10 ml/2 culleradetes de llevat en pols

5 ml/1 culleradeta de canyella mòlta

100 g/4 oz/2/3 tassa de sultanes (panses daurades)

Pela ratllada d'1 llimona

1 ou, lleugerament batut

90 ml/6 cullerades de llet

Fregueu la mantega o la margarina amb les farines, el llevat i la canyella fins que la barreja sembli pa ratllat. Incorporeu-hi les sultanes i la pell de llimona. Afegiu l'ou i la llet suficient per fer una mescla suau. Col·loqueu cullerades en una safata de forn (galetes) untada i coure al forn preescalfat a 200 °C/400 °F/gas marca 6 durant 15-20 minuts fins que estigui daurat.

Pastissos de safrà

Fa 12

Un polsim de safrà mòlt

75 ml/5 cullerades d'aigua bullint

75 ml/5 cullerades d'aigua freda

100 g/4 oz/½ tassa de mantega o margarina, suavitzada

225 g/8 oz/1 tassa de sucre llustre (superfí).

2 ous, lleugerament batuts

225 g/8 oz/2 tasses de farina normal (tot ús).

10 ml/2 culleradetes de llevat en pols

2,5 ml/½ culleradeta de sal

175 g/6 oz/1 tassa de sultanes (panses daurades)

175 g/6 oz/1 tassa de pell barrejada (confitada) picada

Poseu el safrà en remull a l'aigua bullint durant 30 minuts, després afegiu-hi l'aigua freda. Batem la mantega o la margarina i el sucre fins que quedi lleugera i esponjosa, després batem els ous a poc a poc. Barregeu la farina amb el llevat i la sal, després barregeu 50 g/2 oz/½ tassa de la barreja de farina amb les sultanes i la pell barrejada. Incorporeu la farina a la barreja de crema alternativament amb l'aigua de safrà i, a continuació, afegiu la fruita. Col·loqueu-los en motlles de magdalenes (papers) o en motlles de magdalenes untats i enfarinats i coure al forn preescalfat a 190 °C / 375 °F / marca de gas 5 durant uns 15 minuts fins que quedi elàstic al tacte.

Rom Babàs

Fa 8

100 g/4 oz/1 tassa de farina natural (pa) forta

5 ml/1 culleradeta de llevat sec de fàcil barreja

Un pessic de sal

45 ml/3 cullerades de llet tèbia

2 ous, lleugerament batuts

50 g/2 oz/¼ tassa de mantega o margarina, fosa

25 g/1 oz/3 cullerades de groselles

Per al xarop:

250 ml/8 fl oz/1 tassa d'aigua

75 g/3 oz/1/3 tassa de sucre granulat

20 ml/4 culleradetes de suc de llimona

60 ml/4 cullerades de rom

Per a l'esmalt i la decoració:

60 ml/4 cullerades de melmelada d'albercoc (conserva), tamisada (colada)

15 ml/1 cullerada d'aigua

150 ml/¼ pt/2/3 tassa de nata per muntar o doble (pesa).

4 cireres glaçades (confitades), tallades a la meitat

Unes tires d'angèlica, tallades en triangles

Barregeu la farina, el llevat i la sal en un bol i feu un pou al centre. Barregeu la llet, els ous i la mantega o la margarina i, a continuació, bateu-hi la farina per obtenir una massa homogènia. Incorporeu-hi les groselles. Col·loqueu la massa en vuit motlles individuals (tubs) untats i enfarinats de manera que surti només un terç dels motlles. Cobrir amb paper film oliat (embolcall de plàstic) i deixar en un lloc càlid durant 30 minuts fins que la massa s'hagi pujat a la part superior de les llaunes. Coure al forn preescalfat a 200 °C/400 °F/gas marca 6 durant 15 minuts fins que estigui daurat. Gireu les llaunes cap per avall i deixeu-les refredar durant 10 minuts, després traieu els pastissos de les llaunes i poseu-los en un plat gran i poc profund. Punxeu-los tot amb una forquilla.

Per fer l'almívar, escalfeu l'aigua, el sucre i el suc de llimona a foc lent, remenant fins que el sucre s'hagi dissolt. Pujar el foc i portar a ebullició. Retirar del foc i remenar el rom. Col·loqueu l'almívar calent sobre els pastissos i deixeu-ho 40 minuts perquè s'incorporin.

Escalfeu la melmelada i l'aigua a foc lent fins que quedi ben barrejat. Raspalleu els babas i poseu-los en un plat de servir. Munteu la nata i la pipeta al centre de cada pastís. Decorar amb cireres i angèlica.

Pastissos de bola de esponja

Fa 24

5 rovells d'ou

75 g/3 oz/1/3 tassa de sucre (superfí).

7 clares d'ou

75 g/3 oz/¾ tassa de farina de blat de moro (maicena de blat de moro)

50 g/2 oz/½ tassa de farina normal (tot ús).

Bateu els rovells d'ou amb 15 ml/ 1 cullerada de sucre fins que estiguin pàl·lids i espessos. Bateu les clares fins que estiguin rígides i, a continuació, afegiu-hi el sucre restant fins que estigui espessa i brillant. Incorporeu la farina de blat de moro, amb una cullera metàl·lica. Doblegueu la meitat dels rovells d'ou a les clares amb una cullera metàl·lica i, a continuació, afegiu-hi els rovells restants. Incorporeu-hi la farina molt suaument. Transferiu la barreja a una pastissera amb un broquet normal de 2,5 cm/1 de polzada (punta) i introduïu-los en pastissos rodons, ben separats, sobre una safata de forn (galetes) untada i folrada. Coure al forn preescalfat a 200 °C/400 °F/gas marca 6 durant 5 minuts, després redueix la temperatura del forn a 180 °C/350 °F/gas marca 4 durant 10 minuts més fins que estigui daurat i elàstic. tocar.

Bescuits de xocolata

Fa 12

5 rovells d'ou

75 g/3 oz/1/3 tassa de sucre (superfi).

7 clares d'ou

75 g/3 oz/¾ tassa de farina de blat de moro (maicena de blat de moro)

50 g/2 oz/½ tassa de farina normal (tot ús).

60 ml/4 cullerades de melmelada d'albercoc (conserva), tamisada (colada)

30 ml/2 cullerades d'aigua

1 quantitat de Glaçada de xocolata bullida

150 ml/¼ pt/2/3 tassa de nata per muntar

Bateu els rovells d'ou amb 15 ml/1 cullerada de sucre fins que estiguin pàl·lids i gruixuts. Bateu les clares fins que estiguin rígides i, a continuació, afegiu-hi el sucre restant fins que estigui espessa i brillant. Incorporeu la farina de blat de moro, amb una cullera metàl·lica. Doblegueu la meitat dels rovells d'ou a les clares amb una cullera metàl·lica i, a continuació, afegiu-hi els rovells restants. Incorporeu-hi la farina molt suaument. Transferiu la barreja a una pastissera amb un broquet normal de 2,5 cm/1 de polzada (punta) i introduïu-los en pastissos rodons, ben separats, sobre una safata de forn (galetes) untada i folrada. Coure al forn preescalfat a 200 °C/400 °F/marca de gas 6 durant 5 minuts, després reduïu la temperatura del forn a 180 °C/350 °F/marca de gas 4 durant 10 minuts més fins que estigui daurat i elàstic. tocar. Transferir a una reixeta.

Bulliu la melmelada i l'aigua fins que quedi espessa i ben barrejada, a continuació, raspalleu la part superior dels pastissos. Deixar refredar. Submergeix les esponges en la cobertura de xocolata i deixa refredar. Munteu la nata fins que quedi rígida i, a continuació, entrepà els parells de pastissos juntament amb la nata.

Boles de neu d'estiu

Fa 24

100 g/4 oz/½ tassa de mantega o margarina, suavitzada

100 g/4 oz/½ tassa de sucre llustre (superfi).

5 ml/1 culleradeta d'essència de vainilla (extracte)

2 ous, lleugerament batuts

225 g/8 oz/2 tasses de farina autolevant

120 ml/4 fl oz/½ tassa de llet

120 ml/4 fl oz/½ tassa de nata doble (pesada).

25 g/1 oz/3 cullerades de sucre llustre (reposter), tamisat

60 ml/4 cullerades de melmelada d'albercoc (conserva), tamisada (colada)

30 ml/2 cullerades d'aigua

150 g/5 oz/1¼ tasses de coco dessecat (rallat).

Batem la mantega o la margarina i el sucre fins que quedi lleuger i esponjós. A poc a poc anem incorporant l'essència de vainilla i els ous, i després incorporar la farina alternativament amb la llet. Col·loqueu la barreja en motlles de muffins (paelles) untades i coure-les al forn preescalfat a 180 °C/350 °F/gas marca 4 durant 15 minuts fins que estiguin ben elevades i elàstiques al tacte. Transferiu a una reixeta per refredar. Talleu la part superior de les magdalenes.

Munteu la nata i el sucre llustre fins que estiguin rígids, després poseu-hi una mica a la part superior de cada magdalena i poseu-hi la tapa. Escalfeu la melmelada amb l'aigua fins que quedi barrejat, després apliqueu la part superior de les magdalenes i espolvoreu generosament amb el coco.

Gotes d'esponja

Fa 12

3 ous, batuts

100 g/4 oz/½ tassa de sucre llustre (superfi).

2,5 ml/½ culleradeta d'essència de vainilla (extracte)

100 g/4 oz/1 tassa de farina normal (tot ús).

5 ml/1 culleradeta de llevat en pols

100 g/4 oz/1/3 tassa de melmelada de gerds (conservar)

150 ml/¼ pt/2/3 tassa de nata doble (pesada), muntada

Sucre llustre (de pastisseria), tamisat, per empolsar

Poseu els ous, el sucre llustre i l'essència de vainilla en un bol resistent a la calor posat sobre una cassola amb aigua a foc lent i bateu fins que la barreja espesseixi. Traieu el bol de la cassola i afegiu-hi la farina i el llevat. Col·loqueu cullerades petites de la barreja a una safata de forn (galetes) untada i coure al forn preescalfat a 190 °C/375 °F/gas marca 5 durant 10 minuts fins que estigui daurat. Transferir a una reixeta i deixar refredar. Entreveu les gotes juntament amb melmelada i nata i empolvoreu-ho amb sucre llustre per servir.

Merengues Bàsiques

Fa 6–8

2 clares d'ou

100 g/4 oz/½ tassa de sucre llustre (superfi).

Bateu les clares en un bol net i sense greix fins que comencin a formar pics suaus. Afegiu la meitat del sucre i continueu batent fins que la barreja quedi en pics rígids. Incorporeu lleugerament el sucre restant amb una cullera metàl·lica. Folreu una làmina de forn (galetes) amb paper de forn i col·loqueu 6-8 munts de merenga a la làmina. Assequeu les merengues al forn a la temperatura més baixa possible durant 2-3 hores. Refredar sobre una reixeta.

Merengues d'ametlla

Fa 12

2 clares d'ou

100 g/4 oz/½ sucre llustre (superfi).

100 g/4 oz/1 tassa d'ametlla mòlta

Unes gotes d'essència d'ametlla (extracte)

12 meitats d'ametlla per decorar

Batre les clares fins que estiguin rígides. Afegiu la meitat del sucre i continueu batent fins que la barreja formi pics rígids. Incorporeu-hi el sucre restant, l'ametlla mòlta i l'essència d'ametlla. Aboqueu la barreja en 12 rondes en una safata de forn (galetes) untada i folrada i poseu-hi una meitat d'ametlla a sobre de cadascuna. Coure al forn preescalfat a 130 °C/250 °F/marca de gas ½ durant 2-3 hores fins que estigui cruixent.

Galetes espanyoles de merenga d'ametlla

Fa 16

225 g/8 oz/1 tassa de sucre granulat

225 g/8 oz/2 tasses d'ametlla mòlta

1 clara d'ou

100 g/4 oz/1 tassa d'ametlles senceres

Bat el sucre, les ametlles mòltes i la clara d'ou fins a obtenir una massa homogènia. Feu una bola i aplaneu la massa amb un corró. Talleu-les a rodanxes petites i poseu-les sobre una safata de forn (galetes) untada. Premeu una ametlla sencera al centre de cada galeta (galeta). Coure al forn preescalfat a 160 °C/325 °F/gas marca 3 durant 15 minuts.

Cistelles Cuite de merengue

Fa 6

4 clares d'ou

225–250 g/8–9 oz/11/3–1½ tasses de sucre glaç (de pastisseria), tamisat

Unes gotes d'essència de vainilla (extracte)

Bateu les clares en un bol net, sense greix i resistent a la calor fins que estiguin escumoses i, a continuació, afegiu-hi el sucre llustre seguit de l'essència de vainilla. Col·loqueu el bol sobre una cassola amb aigua a foc lent i bateu fins que la merenga mantingui la seva forma i deixi un rastre gruixut quan s'aixequi la batedora. Folreu una làmina de forn (galetes) amb paper de forn i dibuixeu sis cercles de 7,5 cm/3 al paper. Utilitzant la meitat de la barreja de merenga, aboqueu una capa de merenga dins de cada cercle. Col·loqueu la resta en una pastissera i poseu dues capes de merenga al voltant de la vora de cada base. Assecar en un forn preescalfat a 150 °C/300 °F/gas marca 2 durant uns 45 minuts.

Crisps d'ametlla

Fa 10

2 clares d'ou

100 g/4 oz/½ tassa de sucre llustre (superfi).

75 g/3 oz/¾ tassa d'ametlla mòlta

25 g/1 oz/2 cullerades de mantega o margarina, suavitzada

50 g/2 oz/1/3 tassa de sucre llustre (de pastisseria), tamisat

10 ml/2 culleradetes de cacau (xocolata sense sucre) en pols

50 g/2 oz/½ tassa de xocolata normal (semidolça), fosa

Batre les clares fins que quedin puntes rígides. Afegiu el sucre llustre una mica a la vegada. Incorporeu les ametlles mòltes. Utilitzant un broquet (punta) d'1 cm/½ a, col·loqueu la barreja en 5 cm/2 de longitud en una safata de forn (galetes) lleugerament untada amb oli. Coure al forn preescalfat a 140 ° C / 275 ° F / marca de gas 1 durant 1-1 hora i mitja. Deixar refredar.

Batem la mantega o la margarina, el sucre llustre i el cacau. Entrepà parelles de galetes (galetes) juntament amb el farcit. Desfeu la xocolata en un bol resistent a la calor sobre una cassola amb aigua a foc lent. Submergeix les puntes de les merengues a la xocolata i deixa refredar sobre una reixeta.

Merengues espanyoles d'ametlla i llimona

Fa 30

150 g/5 oz/1¼ tasses d'ametlla blanquejada

2 clares d'ou

Pela ratllada de ½ llimona

200 g/7 oz/escàs 1 tassa de sucre en pols (superfí).

10 ml/2 culleradetes de suc de llimona

Torrar les ametlles al forn preescalfat a 150 °C/300 °F/gas marca 2 durant uns 30 minuts fins que estiguin daurades i aromàtiques. Piqueu un terç dels fruits secs gruixut i tritureu la resta finament.

Batre les clares fins que estiguin rígides. Incorporeu-hi la pell de llimona i dos terços del sucre. Afegiu el suc de llimona i bateu fins que estigui rígid i brillant. Incorporeu-hi el sucre restant i les ametlles mòltes. Incorporeu les ametlles picades. Col·loqueu cullerades de merenga en una safata de forn (galetes) untada i folrada amb paper d'alumini i poseu-les al forn preescalfat. Reduïu immediatament la temperatura del forn a 110 °C/225 °F/marca de gas ¼ i coure durant aproximadament 1 hora i mitja fins que s'assequi.

Merengues cobertes de xocolata

Fa 4

2 clares d'ou

100 g/4 oz/½ tassa de sucre llustre (superfí).

100 g/4 oz/1 tassa de xocolata normal (semidolça).

150 ml/¼ pt/2/3 tassa de nata doble (pesada), muntada

Bateu les clares en un bol net i sense greix fins que comencin a formar pics suaus. Afegiu la meitat del sucre i continueu batent fins que la barreja quedi en pics rígids. Incorporeu lleugerament el sucre restant amb una cullera metàl·lica. Folreu una làmina de forn (galetes) amb paper de forn i col·loqueu vuit munts de merenga a la làmina. Assequeu les merengues al forn a la temperatura més baixa possible durant 2-3 hores. Refredar sobre una reixeta.

Desfeu la xocolata en un bol resistent a la calor posat sobre una cassola amb aigua a foc lent. Deixar refredar una mica. Submergeix amb cura quatre merengues a la xocolata perquè quedin cobertes per fora. Deixeu reposar sobre paper encerat (encerat) fins que quedi. Entreveu una merenga coberta de xocolata i una merenga normal juntament amb nata i després repetiu amb les merengues restants.

Merengues de xocolata i menta

Fa 18

3 clares d'ou

100 g/4 oz/½ tassa de sucre llustre (superfi).

75 g/3 oz/¾ tassa de menta coberta de xocolata picades

Bateu les clares fins que estiguin rígides. Anem incorporant el sucre a poc a poc fins que les clares estiguin rígides i brillants. Incorporeu les mentes picades. Col·loqueu cullerades petites de la barreja sobre una safata de forn (galetes) untada i folrada i coure al forn preescalfat a 140 °C/275 °F/marca de gas 1 durant 1 hora i mitja fins que s'assequi.

Merengues de xocolata i fruits secs

Fa 12

2 clares d'ou

175 g/6 oz/¾ tassa de sucre llustre (superfi).

50 g/2 oz/½ tassa de xips de xocolata

25 g/1 oz/¼ tassa de nous, tallades finament

Preescalfeu el forn a 190 °C/375 °F/ marca de gas 5. Bateu les clares fins que quedin pics suaus. Afegiu-hi el sucre a poc a poc i bateu fins que la barreja formi pics rígids. Incorporeu-hi les xips de xocolata i les nous. Aboqueu cullerades de la mescla sobre unes làmines de forn (galetes) untades i poseu-les al forn. Apagueu el forn i deixeu-ho refredar.

Merengues d'avellana

Fa 12

100 g/4 oz/1 tassa d'avellanes

2 clares d'ou

100 g/4 oz/½ tassa de sucre llustre (superfi).

Unes gotes d'essència de vainilla (extracte)

Reserveu 12 fruits secs per decorar i tritureu la resta. Batre les clares fins que estiguin rígides. Afegiu la meitat del sucre i continueu batent fins que la barreja formi pics rígids. Incorporeu-hi el sucre restant, les avellanes mòltes i l'essència de vainilla. Aboqueu la barreja en 12 rondes en una safata de forn (galetes) untada i folrada i poseu-hi una nou reservada a sobre de cadascuna. Coure al forn preescalfat a 130 °C/250 °F/marca de gas ½ durant 2-3 hores fins que estigui cruixent.

Pastís de capes de merenga amb fruits secs

Fa un pastís de 23 cm

Per al pastís:

50 g/2 oz/¼ tassa de mantega o margarina, suavitzada

150 g/5 oz/2/3 tassa de sucre llustre (superfi).

4 ous, separats

100 g/4 oz/1 tassa de farina normal (tot ús).

10 ml/2 culleradetes de llevat en pols

Un pessic de sal

60 ml/4 cullerades de llet

5 ml/1 culleradeta d'essència de vainilla (extracte)

50 g/2 oz/½ tassa de fruits secs, picats finament

Per a la crema:

250 ml/8 fl oz/1 tassa de llet

50 g/2 oz/¼ tassa de sucre (superfi).

50 g/2 oz/½ tassa de farina normal (tot ús).

1 ou

Un pessic de sal

120 ml/4 fl oz/½ tassa de nata doble (pesada).

Per fer el pastís, bateu la mantega o la margarina amb 100 g/4 oz/½ tassa de sucre fins que quedi lleugera i esponjosa. A poc a poc, anem incorporar els rovells d'ou i, després, la farina, el llevat i la sal alternant amb la llet i l'essència de vainilla. Col·loqueu en dos motlles (passos) untats i folrats de 23 cm/9 i niveleu la superfície. Batre les clares fins que estiguin rígides, després incorporar-hi el sucre restant i tornar a batre fins que estiguin rígides i brillants. Repartiu la barreja del pastís i empolseu-ho amb els fruits secs. Coure al forn preescalfat a 150 °C/300 °F/gas marca 3 durant 45 minuts fins que la merenga estigui seca. Transferiu a una reixeta per refredar.

Per fer el flam, barregeu una mica de llet amb el sucre i la farina. Porteu a ebullició la resta de llet en una cassola, aboqueu-hi la barreja de sucre i bateu-ho fins que quedi barrejat. Torneu la llet a la cassola esbandida i porteu-la a ebullició, remenant contínuament, després feu a foc lent, remenant, fins que espesseixi. Retirar del foc i batre l'ou i la sal i deixar refredar una mica. Munteu la nata fins que estigui rígida i, a continuació, incorporeu-la a la barreja. Deixar refredar. Entreveu els pastissos juntament amb el flam.

Llesques de macarrons d'avellana

Fa 20

175 g/6 oz/1½ tasses d'avellanes, pelades

3 clares d'ou

225 g/8 oz/1 tassa de sucre llustre (superfí).

5 ml/1 culleradeta d'essència de vainilla (extracte)

5 ml/1 culleradeta de canyella mòlta

5 ml/1 culleradeta de pell de llimona ratllada

Paper d'arròs

Piqueu aproximadament 12 de les avellanes, després piqueu la resta fins que estigui ben aixafada. Munteu les clares fins que estiguin lleugeres i espumoses. Afegiu-hi el sucre a poc a poc i continueu batent fins que la barreja formi pics rígids. Incorporeu les avellanes, l'essència de vainilla, la canyella i la pell de llimona. Col·loqueu culleradetes plenes sobre una làmina de forn (galetes) folrada amb paper d'arròs i, a continuació, aplaneu-les en tires fines. Deixar reposar 1 hora. Coure al forn preescalfat a 180 °C/350 °F/gas marca 4 durant 12 minuts fins que estigui ferm al tacte.

Capa de merenga i nou

Fa un pastís de 25 cm/10 polzades

100 g/4 oz/½ tassa de mantega o margarina, suavitzada

400 g/14 oz/1¾ tassa de sucre en pols (superfi).

3 rovells d'ou

100 g/4 oz/1 tassa de farina normal (tot ús).

10 ml/2 culleradetes de llevat en pols

120 ml/4 fl oz/½ tassa de llet

100 g/4 oz/1 tassa de nous

4 clares d'ou

250 ml/8 fl oz/1 tassa de nata doble (pesada).

5 ml/1 culleradeta d'essència de vainilla (extracte)

Cacau (xocolata sense sucre) en pols per empolsar

Bateu la mantega o la margarina i 75 g/3 oz/¾ tassa de sucre fins que quedi lleuger i esponjós. A poc a poc, anem incorporant els rovells d'ou i, després, la farina i el llevat en pols alternativament amb la llet. Aboqueu la massa en dues motlles untades i enfarinades de 25 cm/10 en motlles. Reserveu unes quantes meitats de nous per a la decoració, piqueu la resta finament i espolseu-hi els pastissos. Bateu les clares a punt de neu, després afegiu-hi la resta de sucre i torneu a batre fins que estiguin espesses i brillants. Repartiu per sobre dels pastissos i poseu-los al forn preescalfat a 180 °C/350 °F/gas marca 4 durant 25 minuts, cobrint el pastís amb paper encerat (encerat) cap al final de la cocció si la merenga també comença a daurar-se. molt. Deixeu refredar dins les llaunes, després torneu els pastissos amb la merenga per sobre.

Batre la nata i l'essència de vainilla fins que estigui rígida. Entreveu els pastissos junts, amb la merenga cap amunt, amb la meitat de la nata i repartiu la resta per sobre. Decorar amb les nous reservades i espolvorear amb cacau tamisat.

Muntanyes del merengue

Fa 6

2 clares d'ou

100 g/4 oz/½ tassa de sucre llustre (superfí).

150 ml/¼ pt/2/3 tassa de nata doble (pesada).

350 g/12 oz de maduixes, a rodanxes

25 g/1 oz/¼ tassa de xocolata normal (semidolça), ratllada

Bateu les clares fins que estiguin rígides. Afegiu-hi la meitat del sucre i bateu fins que quedi espessa i brillant. Incorporeu-hi el sucre restant. Col·loqueu sis cercles de merenga al paper de forn en una safata de forn (galetes). Coure al forn preescalfat a 140 ° C / 275 ° F / marca de gas 1 durant 45 minuts fins que estigui daurat pàl·lid i cruixent. L'interior es mantindrà bastant suau. Retirar del full i refredar sobre una reixeta.

Batre la nata fins que estigui rígida. Pipeu o poseu la meitat de la nata per sobre dels cercles de merenga, remeneu-hi la fruita i, a continuació, decoreu-ho amb la nata restant. Espolvorear la xocolata ratllada per sobre.

Crema de gerds merengues

Serveis 6

2 clares d'ou

100 g/4 oz/½ tassa de sucre llustre (superfi).

150 ml/¼ pt/2/3 tassa de nata doble (pesada).

30 ml/2 cullerades de sucre llustre

225 g/8 oz de gerds

Bateu les clares en un bol net i sense greix fins que comencin a formar pics suaus. Afegiu la meitat del sucre i continueu batent fins que la barreja quedi en pics rígids. Incorporeu lleugerament el sucre restant, amb una cullera metàl·lica. Folreu una làmina de forn (galetes) amb paper de forn i poseu-hi petits remolins de merenga. Assecar les merengues al forn al mínim possible durant 2 hores. Refredar sobre una reixeta.

Munteu la nata amb el sucre llustre fins que estigui rígid i, a continuació, afegiu-hi els gerds. Utilitzeu-los per entrepansar parells de merengues junts i amuntegar-los en un plat de servir.

Pastissos de ratafia

Fa 16

3 clares d'ou

100 g/4 oz/1 tassa d'ametlla mòlta

225 g/8 oz/1 tassa de sucre llustre (superfi).

Bateu les clares fins que estiguin rígides. Incorporeu-hi les ametlles i la meitat del sucre i torneu a batre fins que estigui ferm. Incorporeu-hi el sucre restant. Col·loqueu les rondelles petites en una safata de forn (galetes) untada i folrada i coure-les en un forn preescalfat a 150 °C/300 °F/gas marca 2 durant 50 minuts fins que estigui sec i cruixent a les vores.

Caramel Vacherin

Fa un pastís de 23 cm

4 clares d'ou

225 g/8 oz/1 tassa de sucre moreno suau

50 g/2 oz/½ tassa d'avellanes, picades

300 ml/½ pt/1¼ tasses de nata doble (pesada).

Unes quantes avellanes senceres per decorar

Bateu les clares fins que quedin pics suaus. Afegiu el sucre a poc a poc fins que estigui rígid i brillant. Col·loqueu la merenga en una motllera equipada amb un broquet (punta) normal d'1 cm/½ i col·loqueu dues espirals de merenga de 23 cm/9 en una safata de forn (galetes) untada i folrada. Espolvorear amb 15 ml/1 cullerada de fruits secs picats i coure al forn preescalfat a 120 °C/250 °F/marca de gas ½ durant 2 hores fins que estigui cruixent. Transferiu a una reixeta per refredar.

Munteu la nata fins que estigui rígida i, a continuació, afegiu-hi la resta de fruits secs. Utilitzeu la major part de la nata per entrepans els rodons de merenga junts, després decoreu amb la nata restant i poseu-hi les avellanes senceres.

Scones simples

Fa 10

225 g/8 oz/2 tasses de farina normal (tot ús).

Un pessic de sal

2,5 ml/½ culleradeta de bicarbonat de sodi (bicarbonat de sodi)

5 ml/1 culleradeta de crema tàrtara

50 g/2 oz/¼ tassa de mantega o margarina, tallada a daus

30 ml/2 cullerades de llet

30 ml/2 cullerades d'aigua

Barrejar la farina, la sal, el bicarbonat de sodi i la crema de tàrtar. Fregueu-hi la mantega o la margarina. Afegiu lentament la llet i l'aigua fins que quedeu una massa suau. Amasseu ràpidament sobre una superfície enfarinada fins que quedi suau, després estireu fins a 1 cm/½ polzada de gruix i talleu-les a rodanxes de 5 cm/2 polzades amb un tall de galetes. Col·loqueu els scones (galetes) en una safata de forn (galetes) untada amb greix i enforneu-les al forn preescalfat a 230 °C/450 °F/gas marca 8 durant uns 10 minuts fins que estigui ben pujada i estigui daurada.

Scones d'ou rics

Fa 12

50 g/2 oz/¼ tassa de mantega o margarina

225 g/8 oz/2 tasses de farina autolevant

10 ml/2 culleradetes de llevat en pols

25 g/1 oz/2 cullerades de sucre llustre (superfi).

1 ou, lleugerament batut

100 ml/3½ fl oz/6½ cullerades de llet

Frega la mantega o la margarina amb la farina i el llevat en pols. Incorporeu-hi el sucre. Barregeu l'ou i la llet fins que quedeu una massa suau. Amasseu lleugerament sobre una superfície enfarinada, després estireu a uns 1 cm/½ polzada de gruix i talleu-les a rodanxes de 5 cm/2 polzades amb un tall de galetes. Torneu a enrotllar els retalls i retalleu-los. Col·loqueu els scones (galetes) en una safata de forn (galetes) untada i coure al forn preescalfat a 230 °C/450 °F/gas marca 8 durant 10 minuts o fins que estigui daurat.

Scones de poma

Fa 12

225 g/8 oz/2 tasses de farina integral (integral).

20 ml/1½ culleradeta de llevat en pols

Un pessic de sal

50 g/2 oz/¼ tassa de mantega o margarina

30 ml/2 cullerades de poma de cocció ratllada

1 ou, batut

150 ml/¼ pt/2/3 tassa de llet

Barrejar la farina, el llevat i la sal. Fregueu la mantega o la margarina i, a continuació, remeneu la poma. A poc a poc, incorporeu prou d'ou i llet per fer una massa suau. Estireu sobre una superfície lleugerament enfarinada fins a uns 5 cm/2 polzades de gruix i talleu-les a rodanxes amb un tall de galetes. Col·loqueu els scones (galetes) en una safata de forn (galetes) untada i pinzelleu-ho amb els ous restants. Coure al forn preescalfat a 200 °C/400 °F/gas marca 6 durant 12 minuts fins que estigui lleugerament daurat.

Scones de poma i coco

Fa 12

50 g/2 oz/¼ tassa de mantega o margarina

225 g/8 oz/2 tasses de farina autolevant

25 g/1 oz/2 cullerades de sucre llustre (superfí).

30 ml/2 cullerades de coco dessecat (rallat).

1 poma per menjar (de postres), pelada, pelada i picada

150 ml/¼ pt/2/3 tassa de iogurt natural

30 ml/2 cullerades de llet

Frega la mantega o la margarina a la farina. Incorporeu-hi el sucre, el coco i la poma, a continuació, barregeu el iogurt per fer una massa suau, afegint-hi una mica de llet si cal. Estireu sobre una superfície lleugerament enfarinada fins a uns 2,5 cm/1 polzada de gruix i talleu-les a rodanxes amb un tallador de galetes. Col·loqueu els scones (galetes) en una safata de forn (galetes) untada amb greix i coure-les en un forn preescalfat a 220 °C/425 °F/gas marca 7 durant 10-15 minuts fins que estigui ben pujada i daurada.

Scones de poma i dàtils

Fa 12

50 g/2 oz/¼ tassa de mantega o margarina

225 g/8 oz/2 tasses de farina normal (tot ús).

5 ml/1 culleradeta d'espècies barrejades (pastís de poma).

5 ml/1 culleradeta de crema tàrtara

2,5 ml/½ culleradeta de bicarbonat de sodi (bicarbonat de sodi)

25 g/1 oz/2 cullerades de sucre moreno suau

1 poma de cocció petita (tarda), pelada, pelada i tallada a trossos

50 g/2 oz/1/3 tassa de dàtils amb pinyols, picats

45 ml/3 cullerades de llet

Fregueu la mantega o la margarina amb la farina, la barreja d'espècies, la crema de tàrtar i el bicarbonat de sodi. Incorporeu-hi el sucre, la poma i els dàtils, afegiu-hi la llet i barregeu-ho fins a obtenir una massa suau. Amassar lleugerament, després estirar sobre una superfície enfarinada fins a 2,5 cm/1 polzada de gruix i tallar-los a rodanxes amb un talla-galetes. Col·loqueu els scones (galetes) en una safata de forn (galetes) untada amb greix i coure-les al forn preescalfat a 220 °C/425 °F/gas marca 7 durant 12 minuts fins que s'aixequi i estigui daurat.

Scones d'ordi

Fa 12

175 g/6 oz/1½ tasses de farina d'ordi

50 g/2 oz/½ tassa de farina normal (tot ús).

Un pessic de sal

2,5 ml/½ culleradeta de bicarbonat de sodi (bicarbonat de sodi)

2,5 ml/½ culleradeta de crema de tàrtar

25 g/1 oz/2 cullerades de mantega o margarina

25 g/1 oz/2 cullerades de sucre moreno suau

100 ml/3½ fl oz/6½ cullerades de llet

Rovell d'ou per esmaltar

Barrejar les farines, la sal, el bicarbonat de sodi i la crema de tàrtar. Frega la mantega o la margarina fins que la mescla s'assembli al pa ratllat, a continuació, afegiu-hi el sucre i la suficient llet per fer una massa suau. Estireu sobre una superfície lleugerament enfarinada fins a 2 cm/¾ de gruix i talleu-les a rodanxes amb un tall de galetes. Col·loqueu els scones (galetes) en una safata de forn (galetes) untada i pinzelleu-les amb el rovell d'ou. Coure al forn preescalfat a 220 °C/425 °F/gas marca 7 durant 10 minuts fins que estigui daurat.

Scones de dates

Fa 12

225 g/8 oz/2 tasses de farina integral (integral).

2,5 ml/½ culleradeta de bicarbonat de sodi (bicarbonat de sodi)

2,5 ml/½ culleradeta de crema de tàrtar

2,5 ml/½ culleradeta de sal

40 g/1½ oz/3 cullerades de mantega o margarina

15 ml/1 cullerada de sucre llustre (superfí).

100 g/4 oz/2/3 tassa de dàtils amb pinyols, picats

Uns 100 ml/3½ fl oz/6½ cullerades de llet de mantega

Barrejar la farina, el bicarbonat de sodi, la crema de tàrtar i la sal. Afegiu-hi la mantega o la margarina, afegiu-hi el sucre i els dàtils i feu un pou al centre. Barregeu a poc a poc la quantitat de llet de mantega suficient per fer una massa suau i mitjana. Estirar gruixut i tallar en triangles. Col·loqueu els scones (galetes) en una safata de forn (galetes) untada i coure-les al forn preescalfat a 230 °C/450 °F/gas marca 8 durant 20 minuts fins que estiguin daurades.

Herby Scones

Fa 8

175 g/6 oz/¾ tassa de mantega o margarina

225 g/8 oz/2 tasses de farina (pa) forta

15 ml/1 culleradeta de llevat en pols

Un pessic de sal

5 ml/1 culleradeta de sucre moreno suau

30 ml/2 cullerades d'herbes seques barrejades

60 ml/4 cullerades de llet o aigua

Llet per raspallar

Frega la mantega o la margarina amb la farina, el llevat i la sal fins que la barreja sembli pa ratllat. Incorporeu-hi el sucre i les herbes. Afegiu-hi prou llet o aigua per fer una massa suau. Estireu sobre una superfície lleugerament enfarinada fins a uns 2 cm/¾ de gruix i talleu-les a rodanxes amb un talla-galetes. Col·loqueu els scones (galetes) en una safata de forn (galetes) untada i pinzeu-ne la part superior amb llet. Coure al forn preescalfat a 200 °C/400 °F/gas marca 6 durant 10 minuts fins que estigui ben pujat i estigui daurat.

www.ingramcontent.com/pod-product-compliance
Lightning Source LLC
Chambersburg PA
CBHW050021130526
44590CB00042B/1214